だいわ文庫

人生の師に学ぶ

本田 健

大和書房

はじめに
師と仰ぐ人、メンターに導かれる意味

「メンター」とは、人生を導く先生という意味です。英語圏では日常的に使われる言葉ですが、日本では、あまり聞いたことがないかもしれません。

国内外を問わず、私が出会ってきた幸せな経済自由人たちには、ほぼ例外なくメンターと呼ばれる人がいました。日本人でも、恩人や恩師、良き助言者という言葉ならピンとくるでしょう。いずれにしろ、メンターとは、あなたの人生を変えてしまうぐらいのインパクトのある先生という意味です。

人生の大切な転機に、的確な導きをしてくれる師の存在は大きいものです。

文明が始まって以来、人生の知恵は、ずっと師匠から弟子に伝えられていました。イエス・キリストと弟子たち。中国でいえば孔子と弟子たちがそうです。古代ギリシャでも、ソクラテスとプラトンが師弟関係にあったことは有名です。そうやって、世界中どこでも、学問、宗教儀式、芸術、職人の技術などは、師弟関係を通じて伝承されているのです。

それは、近代でも変わりません。ドイツのマイスター制度や日本の徒弟制度は古くさいとされがちですが、私はとても大切なシステムだと思います。

日本経済新聞の「私の履歴書」というコラムでは、著名人が生い立ちから現在に至るまでをつづり、多くの読者に勇気を与えています。そこには幼少時代や青年期に必ずといっていいほど、恩師や恩人の話が出てきます。その人と出会ったおかげで、現在の自分があるというほど、彼らにとっては大きな存在です。

最初、私は彼らが富と豊かさを手にできたのは、「素晴らしいメンターに出会えたからだ」と考えていました。しかし、多くの成功者にインタビューしてきて、事実は逆だということに気づきました。彼らが、若い頃からとてもいいセンスを持っていたので、素晴らしい師にめぐり合えて、教えてもらえたというのが、実際に起きたことだと思います。

私も、志を高くして生きているときには、本当に人生を変えてくれる師に出会えた経験があります。逆に、自分が迷っているときには、ろくな人と出会えませんでした。

人生を山登りだと考えてみましょう。

普通の人は、なんの装備も持たず、いきなり高い山を目指して元気に出発します。そのうちに、高山病にかかったり、食料が足りなくなったり、天候の変化でひどい目に遭って、自分の準備が充分でなかったことに初めて気づきます。ようやく頂上にたどりついてから、その山が自分が登りたかった山ではなかったことに気づいて、愕然《がくぜん》とする人もいます。

そのような目に遭いたくなければ、事前に、優秀なガイドに相談することです。優れた登山のガイドは、どのルートが安全か、道具に不備がないかなどをチェックしてくれます。また、道具の使い方、天候の変化の見方、ルートの作成など、登山に関するいろいろな知恵を授けてくれます。その知恵さえあれば、命の危険を冒したり、心配したりする必要はなくなります。そして、その知恵を授けてくれるガイドが、メンターの役割だといえるでしょう。

メンターから何を受け取るか

人生を歩んでいくときに、メンターという生き方の見本となる存在は不可欠です。でも、そんな人がいれば、頂上まで最短距離で行けるということではありません。

多くの人は、メンターと呼べる人に教えを受ければ、より早く、しかも簡単に成功できるというふうに考えがちです。少なくとも、失敗しないですむだろうと思うでしょう。

けれども、ここが大切なポイントですが、失敗しないことが人生の目的ではありません。

かつて、私のメンターから贈られた言葉があります。

「君の人生という空に、雲がたくさんありますように。素晴らしい夕焼けが見られるから」

私たちの多くは、どうしても最短で成功したい、すぐに幸せになりたいと考えがちですが、これまでに出会った成功者といわれる人たちは、口々に、「何度も失敗したほうが、あとで楽しめるものだよ」と言っていました。

「だから、どんどん失敗しなさい」

というのが、これまで私が何人もの心から尊敬できる人たちからもらった「祝福」でした。

メンターが大切なのは、人生そのものを総合的に理解させてくれる存在だからです。最短距離で行ける、効率よく進める——そういうための支援者ではありません。

20世紀的な思考にがんじがらめになっている人は、どうしてメンターが必要なのか、と考えたときに、「それは山の最短ルートを最短時間で登るためだ」と思いがちです。

たしかに、登山者が遭難しないように、あるいは、「どういう道具を持っていったらいいか」ということを教わるシェルパのような役割もありますが、それがすべてではありません。メンターとは、「そもそも登山とは何なのか？」というところから考えさせてくれる存在なのです。

山登りそのものの楽しさ、素晴らしさ、そして、その意味を考えさせてくれるチャンスを与えてくれるのです。

優れた師とのめぐり会い

これまで多くの「知恵をもつ人」に教えを受けてきましたが、最初のメンターには、私が17歳のときに出会いました。私が通っていた高校の先生で、神父でもありました。

その人は、「英語が話せると人生が変わる」ということを教えてくれました。それによって英語を勉強しようと思ったのですが、そうすることで受験に有利になるというようなことではなく、「人生の幅を広げ、視野がグローバルになるから」

というのが、その先生の教えでした。

17歳という年齢で、信頼のおける先生と出会えたことは、私の人生で起きたことのなかでも、非常にラッキーなことの一つだったと思います。

とはいうものの、当時の私には、英語を勉強することが本当に役に立つのかどうかは、よくわかっていませんでした。でも、英語で何をしたいのか、と聞かれても、はっきりした理由が言えませんでした。でも、先生に憧れて、「この人のようになりたい」と強く思ったことは、はっきりしています。

「先生のように、人に希望を与えて、自由に英語を話して、外国の友人をたくさんつくって、世界中を旅行したい」

それが私の17歳のときの夢だったのです。

また同じ頃、平和学を教えるアメリカ人の教授のご夫婦に会う機会がありました。彼らは当時すでに、結婚して何十年もたっていたのですが、いつも仲がよく、10代の私は、その仲のよさに照れてしまうくらいでした。

若い頃に出会って結婚されたということでしたが、そのご夫婦から、パートナーシップとは何か、ライフワークとは何か、お金とは何か、ということを学びました。そして、ご夫妻の導きでアメリカに渡り、講演旅行をすることになったわけです。

拙著『ユダヤ人大富豪の教え』にも書いていますが、そのアメリカで、私は複数の人間的に成長させてくれる人たちに出会い、お金や人生の本質について、体系的に教えを受けることになります。

また帰国してからは、実は政治の道に進もうと考えていたのですが、新たに出会ったメンターから、政治の世界の一端を見せてもらい、別の道を見つけることにしました。

私は20代の頃、様々な分野で活躍するメンターに彼らのいる世界を垣間《かいま》見せてもらい、何度も自分の進路が大きく変わりました。

学者のメンターからは、ノーベル賞受賞者がどういうプロセスを経て選ばれるのかを学び、大学というアカデミックな雰囲気を感じ取りました。

ビジネスのメンターと一緒に行動しているうちに、必ずしも私は「ビジネスでお金を稼ぐこと」だけをやりたくないことに気づきました。

スピリチュアルなマスターに学んだときには、この世界には、「目に見えないもの」が同時に存在する可能性について知りました。

その後、セラピストのメンターには、感情が私たちの人生に大きな影響を与えていると教わって、あらゆる心理学を勉強していくことになりました。

どんな人の人生にも、現在に至るドラマチックな出来事があるものですが、私の場合、いつも人生の岐路には、素晴らしいメンターの存在がありました。

未来のイメージとの出会い

数々のメンターに出会うことで、いまの自分が形作られてきたと思うのですが、尊敬できる素晴らしい人ばかりだったかといえば、そうとはかぎりません。

ビジネスで大成功していても、人間関係がボロボロだったり、社会的に貢献していても、経済的には綱渡り状態だった人もいました。40代、50代のときにはうまくいっていた人も、その10年後、20年後の50代、60代、70代で悲惨になることもあります。

そんなふうに、多くのメンターの人生を10年単位、20年単位で見せてもらうことで、初めて自分の人生を俯瞰《ふかん》することができました。自分には何ができそうなのか、何ができなさそうかを、彼らは身をもって見せてくれたわけです。

5年、10年とおつき合いするうちに、どんどん幸せになっていく人もいれば、経済的、社会的には成功しても、個人的には惨《みじ》めになる人も見てきました。自分よりも成功していく弟子たちに嫉妬《しっと》して彼らの邪魔をする、というような、あまり見たくない醜《みにく》い部分もいっぱい見てきました。

その過程で、「自分はどう生きたいのか」を考え、「自分が逆の立場になったら、絶対こういうことはしたくない」と心に決めて、いまに至っています。

メンターには、「こんなふうになりたい」と思わせる人もいれば、「絶対にこんな人になりたくない」という反面教師のタイプもいます。私は、その生き方に憧れる人を「ホワイトメンター」、そうでない人を「ブラックメンター」と呼んでいますが、どちらも、人生に大切なインスピレーションを与えてくれる存在だといえます。

すべての出来事は偶然でなく必然である、ということがいわれますが、すべての出会いもまた、やはり、私の人生では必然であったというふうに考えています。

それは特に、出会った順番でそう思うのですが、たとえば最初に、スピリチュアルな人たちばかりに会っていたら、私は宗教家の道に進んだかもしれません。

その後、政治家、ビジネスマン、大学教授などにも弟子入りしていたことによって、結果的に、いまの人生に行きつきました。

スティーブ・ジョブズは、スタンフォード大学の卒業式で行なわれたスピーチで、「点と点が自分の歩んでいく道の途上のどこかで、必ず一つにつながっていく」と語っていますが、その点と点のつなぎ方が人生だといえます。

同じような点と点でも、素晴らしい人たちの点をつなぐ人生と、自分のなかの最悪をつないでいく人生では、まったく違う人生になることは、言うまでもないでしょう。

そして、自分の人生をどうつなげられるかは、メンターの存在によって変わってくる、と思っています。

次元上昇は、人との出会いで始まる

師と呼べるような人たちの人生は、あなたの今後の人生の選択肢ともいえるでしょう。師との出会い、別れを繰り返すことで、いろいろな生き方が常に頭のなかにあるわけですが、それは、その人たちと一緒に人生を歩んでいると言い換えることもできます。

10代後半から多くのメンターに出会ってきたわけですが、すでに亡くなられた方も少なくありません。また、もともと亡くなっている、残念ながら直接会うことはかなわなかった心の師と呼ぶべき人たちもいます。

そういう人たちが、いまここにいたら、どう考えるだろうか、どう行動するだろうか、とよく想像します。たとえば、自分がスティーブ・ジョブズだったら、あるいはジョン・レノンだったら、朝起きて、どういう一日を過ごすだろう？　ということを考えて生活してみるのです。そんなふうに過ごすだけで、いままでの退屈な人生が一変します。

私にとってメンターは、常にインスピレーションの源であり、「人生がこんなだったら面白いだろうな」と思わせ、そして、いまの自分をはるかにスケールアップさせてくれる存在なのです。

そう考えると、あなたの人生は誰をメンターにするかで決まるといえます。

三流の人だったら、あなたの人生も三流で終わるでしょう。

料理人になった友人がいたのですが、その人の最初の弟子入り先は、喫茶店でした。喫茶店でも料理は出しますが、それほど忙しくはないから自分の時間がもらえるだろうと思って、そこにアルバイト感覚で弟子入りしたのです。

彼のメンターとなった喫茶店のマスターは、料理をつくるときに化学調味料をパパッと振りかけて、味付けをしていたそうです。家庭でも普通に使われている調味料でした。

ちょっと驚いた彼は、「プロでも、化学調味料を使うんですか？」と聞くと、「みんなやっているし、これが手っ取り早くて、利益率もいいんだよ」と答えたそうです。

お客さんが来なくなった喫茶店では、アルバイトを置いておく余裕がなくなって、彼は1年ぐらいで辞めることになりました。そして、彼は普通のレストランに就職することになりました。厨房に化学調味料がなかったので、自分で買ってきて料理に使ったら、えらく叱られたそうです。

「おまえはなんという手抜きをするんだ⁉」

「いや、これがいいと教わりました」

「バカ！　そんなのは料理じゃない。どこでそんなこと習ってきたんだ？」

そう言われて、友人は初めて、自分がダメな人についていたことに気がついたのです。料理とは手を抜くもんだと教わっていた自分が恥ずかしくなると同時に、メンターの質によって、全然教えが違うことに驚いたそうです。

メンターをアップグレードすると、その人のあり方によって「基準」が違うことがわかります。

同じ料理を出すのにも、最初から出汁《だし》を取って、最高のものをつくる料理人もいれば、それではペイしないから、二流の食材と出来合いの調味料を使って、ちょっとおいしくて手頃なものをつくる料理人もいます。

あるいは、コストを削って、もう料理とも呼べないような代物を出しても、全然平気な料理人もいるわけです。誰に弟子入りするかで、身につくスキルも心構えも変わってきます。

どんな人生にしたいのかで、人それぞれ、弟子入りしたい人物は違うでしょう。

本書を読み進めるうちに、あなたの過去にも、メンターが実はいたことに気づくかもしれません。

そして将来、こういう人に教えてもらいたいというイメージも出てくるでしょう。それを一つひとつ大事に書き留めておいてください。きっと将来、そのリストは役に立ちます。

これから、メンター次第で、どれだけ人生に大きな違いがあるか、お話ししていきます。本書を読み終える頃には、きっとあなたも、こんな人に弟子入りしたいというイメージが湧いてくると思います。

私にとって、多くの先生との出会いや一緒に過ごした時間は、心のなかにキラキラ光るダイヤモンドのように貴重なものです。それは魂と魂が出会い、交流するからです。

そういう深い関係を築けるかどうかが、あなたの器を決めます。

もし、あなたが素晴らしい人物に見込まれて、最高の教えを受け、そして、自分の才能を最大限に活かしたとしたら、これからまったく違う人生になるはずです。

それは、いま自分が想像したよりも、はるかに面白い人生です。

まだ開発されていない才能と、素晴らしい友人に恵まれて、信じられないような素敵なことが次々に起きるのです。

目次

人生の師に学ぶ

第1章

どう生きるか、理想のイメージを持つ

人生にも、ガイドが必要

メンターがなぜ大切かというと、あなたの人生の指針となってくれる存在だからです。迷いが生じたとき、進む方向性をはっきり示してくれるのが、メンターです。彼らは多くを語らないかもしれませんが、彼らと話しているだけで、安心できたりします。

メンターのありがたいところは、あなたのことを掛け値なしに応援してくれることです。両親や親しい友人たちに批判されたときでも、彼らは、あなたの素晴らしさを見抜き、信じてくれています。その信頼に応えようとして、自分でもびっくりするような力が発揮できたりするのです。

物事がうまくいっているときに、逆にブレーキをかけてくれる存在はとても大切です。傲慢《ごうまん》になって、自分を見失いそうになったとき、的確なフィードバックをくれるからです。

時には、ガツンと叱ってくれるかもしれません。あなたが偉くなったり、成功してしまうと、身近に本音で接してくれる人が少なくなります。そういうときに、彼らは、あなたを等身大に扱ってくれるので、謙虚さを思い出すことができます。

人生は山登りと同じようなところがあると、前にお話ししました。どんなに高く険しい山も、優秀なガイドがいれば心強いものです。

人生は、山というより、山脈です。

その一つひとつに挑戦していくのが、生きるということです。

新たな山を登るというときに、その山に詳しいメンターを見つけることです。逆にいえば、メンターと出会うことで、新しい山を発見します。その意味で、メンターというのは、人生のドアを開いてくれる人です。あなたが知らないもの、見たことがないもの、感じたことがない世界への扉を開いてくれる人です。

たとえば、ある分野の有名人に弟子入りできたら、「有名人である」ということが、どういうものなのかを見ておきましょう。

　彼らはいつも、どう見られているか、まわりの人たちにどう思われているのかというストレスにさらされています。有名な人が、どう感じて、どんなふうに行動して、何に喜びを感じ、何に不快感を覚えるのか、見させてもらいましょう。

　そして、「自分はどう生きたいのか」を考えればいいのです。

　あなたが行きたいのは、高い山、低い山、それとも美しい山でしょうか。

　あるいは、山ではなく、海がいいのか、森がいいのか、砂漠がいいのか、都会がいいのか。それによって頼むガイドが違ってくるのは、当然です。

　メンターにはいろんな側面があります。ガイドという側面がある一方で、アドバイザーという側面もあります。一緒に道を歩いてくれる同行者という側面もあります。人生の先輩という面もありますが、その意味では、自分の父親、母親みたいな存在になることもあるでしょう。

　これから誰を選ぶかはとても大事で、自分が行きたい方向を、しっかり考えていく必要があると思います。

あなたにとって最悪の人生は?

「あなたの理想の人生は、どんなものですか?」と聞かれても、具体的にイメージできる人は少なく、ほとんどの人が答えられないと思います。なかには、「理想の人生といわれてもよくわからないけど、絶対にイヤだという人生はわかる」という人がいました。「どんな人生ですか?」と聞くと、「いまの人生です」というのです。冗談のようですが、あらためて考えてみると、「嫌いな仕事をして、それほど好きでもない人と同棲したり結婚したりしている。本当は、海外に行ったり、新しいことを勉強したり、大学に入り直したり、専門学校に行ってみたいと思いながら、それだけのお金と勇気と、じっくり考える時間がない」という人は少なくありません。

そういう人たちに、何より欠けているのは、人生を楽しく生きるエネルギーです。「こんなふうになったらいいのに」と、やりたいことが頭のなかでチラッと思い浮かぶことはあっても、会社から帰ると、疲れてなにもする気が起きない。週末は、そうした欲求不満やストレスをバーッと発散させるように、友達や仲間と出かけたりしても、それだけで終わってしまう。あなたにも、心当たりがあるのではないでしょうか。

でも、「こんな人生はイヤだ！」ということは、はっきりわかっているわけです。人間の心理で面白いのは、何が好きかということは、比較的、感知しにくいのですが、何が嫌いかということには、心も体も敏感に反応します。

まず、あなたは「何がイヤなのか」ということにフォーカスして、そこから、自分にとっての理想の人生らしきものを探っていきましょう。

理想の人生をイメージするのにいい方法は、自分に問いかけてみることです。

「あなたの最悪の人生は？」「最悪の一日は？」

そう考えると、「どういう職場が苦手なのか？」あるいは「仕事をしていないことが楽しくないのか？」といったことが見えてきます。

「育児で、子どもとだけの閉ざされた生活」がイヤだという人もいるでしょう。「親を介護するだけの毎日」に飽き飽きしているという人もいるでしょう。「一人ぼっちで仕事もお金もない自分」が受け入れられないという人もいるでしょう。

自分がイヤだと思うことは、イメージが湧きやすいと思うのです。

何がイヤなのかを想像して、そのまったく逆のことを想定すると、自分にとっての理想の人生が見えてきます。そうして見ていくと、理想の人生は、「誰かと一緒に何かをやる」のか、「一人で何かをやる」「一か所でジーッとして考える」のがいいのかが、ぼんやりながら見えてきます。

また、「思索にふけりたい」のか、あるいは「パソコンのプログラムをつくりたい」「外まわりに出て、いろんな人と会いたい」「とにかく動き回っていたい」のか、方向性がわかるようになると思うのです。

自分の人生を面白くすることは何かを、考えてみてください。

一人の人と深く知り合っていく生き方もあれば、たくさんの人と知り合って、友達を増やしていくという生き方もあります。

新しい出会いを求めるのか、それとも、いまの出会いを深めるのか。

大きなプールつきの庭で、パーティを開いて盛り上がりたいのか、あるいは、小さな部屋で、ごく気の合った仲間とだけで鍋を囲みたいのか。

自分が求めるものによって、人生の要素がまったく違ってきます。これは、いい、悪いの問題ではなく、自分が好きか、嫌いかだといえるでしょう。

仕事のしかたにしても、最低限の生活ができるだけの収入を確保できれば、あとは自分の時間を大切にしたいという人もいれば、プライベートと仕事の境がない生活が理想だと考える人もいます。

どういう人生を理想とするかは、その人の価値観によって決まります。あるいは、その人のパートナーとの組み合わせによっても変わってくるでしょう。二人とも外交的で人好きだったら、しょっちゅうパーティを開いているでしょうし、静かに過ごすのがいい二人なら、家に人を招くことは少ないかもしれません。

大切なのは、自分がどんな人生を望んでいるかをはっきりさせていくことです。

一流、二流……どのレベルまで行きたいのか

人生をどう生きたいかをイメージすることも大切です。たとえば、仕事で考えた場合、どのレベルを目指すかで、誰を選ぶかも変わってきます。

どんな世界にも、超一流レベル、一流レベル、二流レベル、三流レベルというものがあります。あなたは、どのレベルを目指したいですか。

「超一流から三流まであるとしたら、誰だって超一流を目指したいに決まってい る」と考えるでしょうか。もし、あなたがそうなら、それは、上昇志向が強いからです。「超一流なんて大変そうだから、私は二流くらいでいい」という人もいれば、「上を目指しても、どうせ自分は三流にしかなれないかも」という悲観的な人もいると思います。

ここで大切なのは、超一流がよくて、三流がダメだということではないことです。たとえば、「超一流の生き方」をしていると、すべてを犠牲にしがちになります。芸術家にしろ、ビジネスマンにしろ、超一流になると、仕事では大きな実績を残せても、プライベートではうまくいっていない、ということが起きてきます。芸術に全身全霊を打ち込んだり、自分のビジネスを拡大したり、政治に没頭したりするために、その分だけ、プライベートが犠牲になりがちになります。言い換えれば、普通の人生を楽しむ余裕がないともいえます。

超一流の人たちは、一般的な意味では不幸になりやすいというのは、ごく身近に接して、一番に私が感じたことでした。本人は、まわりの空気を読むことなど、全然おかまいなしで、いたって幸せだったりするのですが、その分、まわりの人たちが不幸になりやすくなります。

「一流の人生」では、すべてにおいて一流を目指すので、息苦しいところがあります。一流の仕事、一流の家庭、一流の会社、一流の仲間……何でも一流でなければならないと考えるのは、結構しんどいものです。

だったら、「二流」はいいかというと、人によっては、そんな中途半端はイヤだと感じるかもしれません。「三流」は気楽かといえば、そんなこともないでしょう。誰かに馬鹿にされたり、批判されて、卑屈《ひくつ》になったり、落ち込む人も多いのです。

自分に対して、「成長したい」「認められたい」という欲求が強いために、いつも不満で、幸せを感じにくくなる超一流、一流はつらいものがあります。でも、三流だと、お金の問題や仕事のトラブルばかりに追いかけられる可能性があります。

そう考えていくと、「二流の人生」がいちばん一般的な幸せには近いかもしれません。経済的にもある程度の余裕があり、人間環境も良好。自分の仕事に打ち込むよりも、まわりとの調和を大事にするので、幸福度が高いといえます。

一流の人たちのように、まわりからの賞賛がない代わりに、嫉妬されたり、批判されることもなく、つつがない人生を送ることができます。そんな人生は面白くないと考える人もいれば、絶えず、切磋琢磨するような生き方はキツすぎると考える人もいます。「自分はどこに行きたいか」は、あなたのパーソナリティ、人生観と合わせて考えてください。それに合わせて、選ぶべき人も違ってきます。

第2章

何を学べばいいかを調べていく

理想の人生を実現するために必要なこと

どんな人をメンターにしたいかを考えたとき、自分の人生のイメージも湧《わ》いてきたのではないでしょうか。

「ベストセラー作家になってみたい」
「自分のレストランを持ちたい」
「幸せな主婦になりたい」
「職人として一本立ちしたい」
「海外で生活したい」

いろいろな夢があるでしょうが、まさにその夢を思い描いた瞬間、「自分には無理かもなぁ」と考えてしまう人がほとんどです。

たしかに、実際のところ、夢をそのまま実現することは、結構難しいのです。

なぜかといえば、現時点では、必要なスキルや経験、知恵がないからです。

たとえば、ベストセラー作家になりたいと思っても、文章を書く技術、ネタがない。レストランを開きたいと思っても、料理をする技術、集客のノウハウがない。

何をやるにしても、人とコミュニケーションを取ったり、ビジネスの知識が必要になりますが、何が必要なのかすらも、まったくわからないというのが実情でしょう。

でも、たとえ現在、超一流シェフといわれる人でも、生まれたときから料理ができた人はいません。どんな人も、その世界で成功している人は、人生のどこかのタイミングでその技術を習得してきたのです。

ごく若いうちに習得した人もいれば、50歳を過ぎてから習得した人もいます。

理想の人生を実現できる人と、できない人の違いは、一つには、そのためのスキルを持っているかどうかです。逆にいえば、そのスキルを身につけることができれば、理想の人生を実現するための一歩を踏み出せるというわけです。

理想の人生を実現しようとする人は、自分にないスキルを一つずつ集めていくように習得していきます。料理人であれば、材料の選び方から始まって、下ごしらえの方法、調理方法、味付けのコツを学んでいくわけです。

食材はさまざまです。ジャガイモ一つとっても、種類がたくさんあって、それぞれに選び方、剥《む》き方、保管のしかたがあるはずです。同じ素材でも30ぐらいの項目をマスターしなければならない、ということもあるのではないでしょうか。

その一つひとつを勉強していくわけですが、それが苦痛に感じるタイプの人と、喜びに変えられるタイプの人がいます。

修業時代をどう過ごすのかについては、あとでお話ししたいと思いますが、勉強のしかたや心構えで、学ぶことが楽しみにも、苦しみにもなるわけです。そのことは、みな学生時代に経験してきたことではないでしょうか。ただただ暗記するだけの勉強は気重です。

自分の理想の人生には、どんなスキルが必要なのかを調べ、まずは、それにワクワクできるかどうかを自分自身に聞いてみましょう。

「ジャガイモを剥くのに、ワクワクする人なんていないんじゃないですか」という人は、料理人には向いていません。他の人にとっては、ワクワクするようなことでないことにワクワクする、それこそが、あなたに向いている道です。

幸せで充実した人生を生きるには、自分の才能を生かすことです。才能を見つけるヒントは、自然にできること、楽しくできることです。

興味深いのは、同じ仕事でも、それが苦痛だという人もいれば、楽しいという人もいます。作家という仕事でいえば、「一冊の原稿を書くのは大変でしょう」と言われることがよくありますが、私にとっては、気がついたら、何時間も座って書いているぐらい楽しい作業です。それくらい没頭して楽しめるのは、その道が自分に向いているからです。

人の悩み相談を何時間でも聞いていられる人は、カウンセラーの才能があります。空き地を見ただけで、そこに建てるべき家がイメージできる人は、建築家の才能があります。

そうやって、自分の才能、適性と合わせて、自分が何を学べばいいのかを調べていきましょう。それが、あなたの人生のコースをはっきりさせていきます。

どういうコースをたどればいいのか

自分の道がだいたい決まったら、今度は、どのようなルートで行くかを考えましょう。そこに行くには、どういうコースがあるのかを見ていくのです。

「料理人になりたい」というのであれば、超一流店にアルバイトとして飛び込むというコースがあります。あるいは、調理師学校などの専門学校に入って基礎から学ぶというコースもあります。大学を出てから、料理の道を見出して、修業を始めるというコースもあれば、高校には行かずに料理の道に進むというコースもあります。

私の知り合いで、ある店の板長をしている方は、中学を卒業してすぐに日本料理の名店で修業を始めました。高校の勉強は後から、通信制で受けたそうです。それは、15歳から18歳ぐらいの味覚が完成する時期に料理を学ぶほうがいいからです。

アメリカには、世界的に有名な「カリナリー・インスティテュート・オブ・アメリカ」というレストラン専門学校がありますが、ここは外食産業界のハーバード大学といわれるところで、４年生大学と同じ学位を取得することもできます。ニューヨークのトップ10レストランのうち7軒のシェフが、この学校の卒業生だそうです。そういう学校を卒業したあとに、ミシュランの星がついているような名店で修業するという道もあります。

どういうコースを進むかで、料理の腕も、得られる収入も違ってくるわけです。また、同じ料理の世界でも、名店に雇われて料理人として活躍する人もいれば、独立して自分の店を持って経営者になっていく人もいます。寿司職人だったのが、いまは巨大寿司チェーン店のオーナーになっている人もいます。そういう人は、料理の才能よりも、経営者の才能のほうがあったということでしょう。

会社員でも同じことがいえます。自分がどういうコースを通って、定年を迎えるのか、戦略的に考えることです。働く時間は同じなので、どういうルートを通れば、充実したサラリーマン生活が送れるのか、長期的視野に立って見てみましょう。

いま、身につけるべき知識は？

自分の進みたい道が決まったら、そのためにしなくてはいけない勉強は何か、どんな資格が必要かを調べなければなりません。

医師や建築士のように国家資格が必要なものもあれば、セールスや掃除のように、その仕事をやるのに資格は必要ないというものもあります。

国家資格が必要でなければ簡単にできるかというと、そうではないでしょう。セールスマンの職業に就けたとしても、誰もがトップセールスマンになれるわけではありません。

資格がいらない代わりに、その分野で活躍するには、知識、経験、テクニック、素晴らしい人柄が必要になってくるのです。

少し前までは、学校を出て、会社に入社したら定年まで働きつづける終身雇用が当たり前でした。しかし、いまの時代は、転職経験がないという人のほうがめずらしいのではないでしょうか。1社1業種しか経験がない人は減って、20代でも、いろいろな業種を数社経験したという人は少なくないでしょう。

期せずして、いろんな業界を渡り歩くのは、決して悪いことではありません。なぜなら、まったく違う業界にいたことが、次の仕事のヒントになることもよくあるからです。そして、別業種での成功の秘訣を古い業界に持ち込んで大成功する人もいます。

いずれにしても、将来の自分のキャリアに、どんな専門知識がいるのか、可能性があるのか考えてみましょう。思った通りにならないことも多いわけですが、それはそれで、きっと何かの役に立ちます。

大切なのは、いまの時点で必要だと思った技術やスキルを身につけていくことです。それが未来のあなたの身を助けることになります。

教えを請う「目的」を決める

2章ではメンターに教えを受ける前に知っておきたいこと、しておきたいことをお話ししてきましたが、それらを押さえておくことで、次の段階の「実際に教えを請う」というリアルなステップに進むことができます。

一般的にメンターと呼べるような人物は、忙しくて社会的に成功している人が多いと思います。そんな人から教えを請うのですから、心構えが大切なのは、言うまでもないでしょう。

落語家や伝統芸能の師匠の家に住み込む若者は、最初はたいしたことをさせてもらえません。そこで、「俺は、掃除をやるために修業しているんじゃない」と不満をいう人は伸びないでしょう。

掃除の合間に、師匠がどのような人生を生きているのか、肌で感じ、それを身につけていこうという態度の若者が成功していくのです。

何事にも手を抜かない熱意や誠意をメンターは買ってくれるものです。これは、私が教えを受けたアメリカ人、インド人、ヨーロッパ人、中国人、みな同じでした。

こう書くと、メンターがあなたにお返しを求めていると感じるかもしれません。どちらかというと、彼らは、あなたからなにも望んでいないと思います。ですが、受けた恩をなんとか返したいという気持ちは、相手にもしっかり伝わるものです。そういう気持ちを持って接することが、教えを授けてくれる師への礼儀といえるでしょう。

この人から何を学びたいのか、学べるのかということがわかっていないと、せっかく弟子入りしても、たいした収穫は得られません。「掃除をやるために修業しているんじゃない」というような不満が出るのは、そこがわかっていないのです。

メンターとの出会いは、魂の出会いともいえます。彼らの近くで同じ時間を過ごさせてもらうだけで、感性さえよければ、大きな学びが得られると思います。

けれども、それだけでは漠然としすぎて、よく学べないということにもなりかねません。そこで、自分はこのメンターから何を学びたいのか、いくつか項目を挙げてみましょう。

・この分野で独立するために、業界のことを教えてもらいたい
・○○のための具体的なスキルを教えてもらいたい
・どのクオリティで仕事をしているのか知りたい

などなど、自分の目指す分野を想定すれば、もっと具体的なことがあるはずです。たとえば、コンサルタントになりたければ、どうやってクライアントにプレゼンするのか、資料をつくるのか、新しいプロジェクトを提案するのかを学ぶことです。

建築家なら、どのように施主と打ち合わせをするのか。教育者なら、どのように授業を組み立てるのかなどが、その具体的なスキルになってくるでしょう。

教わりたいことをあらかじめ挙げておくと、実際に弟子入りしたときに、より多くのことを学べるようになるでしょう。

第3章

「人生の出会い」は、選択できる

どういう人物がいいかは、人それぞれ

人間には個性があって、性格や性質はそれぞれ違います。

メンターにも、ポジティブなタイプの人とネガティブなタイプの人がいます。

ポジティブなメンターとは、褒めて教えてくれるようなタイプです。

「すごくよくできたね」「最高だね」「もっと君がすごいものをつくるのを見たい」

そんなふうに褒めて励ましながら、その人の力を引き出して、育てていきます。

一方で、相手を叱って育てるネガティブなタイプのメンターもいます。

「こんなんじゃダメだ」「これはありえない」「これなら犬のほうがマシだな」

彼らは、あえて厳しいことを言ったり、叱ることで、相手を奮起させるのです。

職人さんで、弟子を育てるときに、「絶対褒めるな」という人がいます。

その方のお弟子さんは20年修業して、一度だけ師匠から褒められたことがあるそうですが、「その晩は感動して泣いて、寝られませんでした」と言っていました。

弟子入りするなら、褒めて育ててくれる人のほうが楽しそうですが、厳しくされたからこそ、伸びていくことができる人もいます。

ふだんポジティブなことをいっさい言わない頑固な師匠の褒め言葉には、一日に何度も褒めてくれる師匠の言葉よりも、絶大なパワーがあります。

いろいろなことを話して聞かせてくれる人もいれば、寡黙《かもく》で、「背中を見て学べ」というタイプの人もいます。どちらを師匠に選ぶかは、学ぶほうの選択なのです。

いちばんの悲劇は、褒められたら育つ人が、ネガティブなメンターについた場合です。この組み合わせでは、弟子はどんどん萎縮《いしゅく》して、本来の自分の力を発揮できないでしょう。

逆に、少し褒められただけで、すぐに増長してしまうようなタイプは、厳しい人について叱ってもらったほうが、自分を律することができるかもしれません。

多くの人は、自分と違うタイプを選びがちです。それは、自分と違う人に憧れを感じるからです。

褒められたい人なのに、叱ってくれる厳しい人からだともっと学べるような気がしてしまうわけです。でも、それで成長できる人もいれば、ダメになる人もいます。

自分が何を学ぶのかの項目を挙げておくことが大切だとお話ししましたが、それさえわかっていれば、メンターのタイプにかかわらず、中途半端にならずにすむでしょう。

教えを受ける人を選ぶ際には、ポジティブ、ネガティブということだけではなく、結婚している人がいいのか、独身の人がいいのか、あるいは、若い人がいいのか、中年のほうがいいのか、老年の人がいいのか、人生の晩期にさしかかった人がいいのか、も考えておきましょう。これには、相性というのもあります。

また、一流の人を選ぶのか、二流の人を選ぶのかでも違ってくるでしょう。

一流の人につくと、一流になりやすくなるということはありますが、自分に一流になる素養がないと感じている場合には、ただへこむだけということになったりもします。二流の人であれば、追いつくことは簡単ですが、一流の世界を見せてもらえることがないのがネックです。

気をつけたいのは、「超一流の人につくこと」です。私の知り合いにも、超一流の人に弟子入りしようとして、大火傷《やけど》した人がたくさんいます。

超一流の人には、人間の大事な部分が壊れている可能性があるからです。このタイプの人には、モラルや常識がないことがあります。普通の人が考えるすべてを超越しているからこそ、超一流になれたのです。

そもそも、自分も超一流になろうと思う人は、弟子入りを考える必要はありません。超一流は、誰にも弟子入りしないことが多いのです。自分が超一流だと思ったら、メンター探しは一切やめるべきです。

なぜかといえば、超一流の人は自分の世界を独自に確立しているために、その人に弟子入りしても、学び取りにくいのです。超一流の人からは、超一流のエッセンスだけをもらえばいい。そこを見きわめることも大切です。

あなたに準備ができたとき、「出会うべき人」が現れる

自分の進みたい分野、極めたい道があるとしたら、いま、あなたはその世界のどこに立っているでしょうか。

あなたがどこの地点にいるかによって、「ふさわしいメンター」がいます。

たとえば、ビジネスをやったことのない人が、一流の経営者に弟子入りしようとしても、それは難しいでしょう。うまく弟子入りできたとしても、学べることは限られています。それは、英語が全然できないのに、英文学の勉強をしたいと思って、いきなりイギリスに留学するようなものです。向こうで必死に勉強することもできますが、ある程度の素養がないと、教えを生かしきることができないでしょう。

ぴったりな人を見つけるためには、いまのレベルからスタートすることです。

まず、自分ができる範囲内で、どういう人物につけばいいちばんいいのかを考えてみるのです。作家になりたいなら、超一流の作家に弟子入りする前に、まず地元の本を出したことのある作家の先生に学ぶことから始めましょう。なにも書いたことがない人に、一流の人は、なにも教えられません。

先生につくなら、最初から一流の人につくのがいいという人もいますが、それは、あくまで理想です。現実的には、トップクラスの人が、素人を教えることはまずないでしょう。地元の先生に見出されたら、一流の先生に引き合わされるということもあるかもしれません。

いろいろ調べていくと、現在、大成功している人たちも、そうやってメンターをグレードアップさせていっていることがわかります。あなたのいまの実力を見きわめて、自分にふさわしい人を見つけてください。

「生徒に準備ができたとき、先生は現れる」という言葉をあなたにプレゼントしたいと思います。あなたにとって、しかるべきレベルの人物は、望めば必ず現れます。

隕石にぶつかるように出会う

自分の理想の人生がわからない人は多い、という話をしましたが、「自分はこうありたい」という明確なビジョンがないと、メンターと出会えないかといえば、そんなことはありません。

ある日突然、隕石《いんせき》にぶつかるように出会う人もいます。

たとえば、書店で、たまたま手に取った一冊の本が、人生を大きく変えることがあります。書店には、数え切れないほどの本が並んでいます。その本を手に取ったのは、それなりの理由があったかもしれません。

「ベストセラーだから」「著者に興味を持ったから」「装幀に惹《ひ》かれたから」

でも、そういうふうにして手に取る本は、いくらでもあるでしょう。そのなかでも、人生を変える本というのは、どんな人にでも、1冊や2冊はあるのではないでしょうか。それが、メンターとの出会いだと私は思います。

一冊の本のなかで出会うこともあれば、たまたま誘われた講演会やパーティで出会うこともあります。就職先や職場で出会うこともあります。

中村天風氏のように、船中で人生の師と出会うということもあるのです。

「メンターを見つけよう」と、それほど強く思っていたわけではないのに、理想の人物と出会ってしまうことはあるのです。

「大きな存在」に出会うと、その人に染まっていきます。

たとえば、ITベンチャーで成功している経営者に出会うと、ITの世界に引っ張られます。アパレルメーカーで何十億も稼いでいる社長と会ったら、「ああ、自分もアパレルに行きたい」と思うし、飲食業でいくつもの店舗のオーナーに会ったら、「わー、こんなふうになりたい」と思うでしょう。その店に入ると、ピーンと気が張っているような寿司屋の職人に出会うと、「この人に弟子入りしたい」と思う人もいるでしょう。

情熱的に街頭で演説している政治家、自分の作品について語る映画監督、3日徹夜して秘伝のスープをつくったラーメン屋の店主、それぞれに、みんな魅力的です。

惹かれる人は、人それぞれで違います。

その人がどんなに素晴らしい人でも、みんながみんな、「その人のようになりたい」と思うわけではありません。同じ人に出会っても、「また会いたい」「弟子入りしたい」と思う人もいれば、全然思わない人もいるわけです。

自分のなかで、何かが科学反応を起こしたとき、メンターとの関係が始まります。これが運と縁ということだと思いますが、たまたま「すごい人」に出会って、そこから人生が変わるということは、案外よくあることです。

ですから、自分からを求めなければメンターに出会えない、ということはありません。

明日にも、そういう運命的な出会いがあるかもしれません。

第4章

決めることで、未来は変わる

「自分が憧れる世界」の人とつながる

ここまで読んで、メンターのイメージが、よりリアルに湧いてきたと思いますが、「じゃあ、誰にすればいいのか」ということが、次の課題になってきます。

自分が進みたい業界が定まっていない人は、まず、そこから探してみてください。

それは、たとえばスポーツ界なのか、芸能界なのか、あるいは芸術の世界なのか。芸術の世界だとしたら、それは音楽なのか、アートなのか。アートでも、絵画なのか、彫刻なのか、あるいはもっと別の、現代芸術のような分野なのか。そうして的を絞っていくことで、進みたい道が見えてくるのではないでしょうか。

自分が知りたい世界、業界はどこなのかを、ざっくりとでも決めてみるのです。

医師なら、医療の分野で、外科や内科など専門の分野から、料理人なら、日本料理なのか、フレンチ料理なのか。セールスなら、保険や宝石、コピー機など、どの分野が好きなのかを見てください。自分が専門にしている業界で実績のある人を探しましょう。

別の業界で活躍している人をメンターにすることも悪いことではありません。「人生の師」ですから、その意味では、業界も時代も飛び越えて、あなたがその生き方に憧れる人がいいと思います。

前で、私は「スティーブ・ジョブズ」の名前を挙げましたが、亡くなった人であってもいいわけです。私自身、ずっとジョン・レノンやキング牧師を心の師としてきました。

そういう人たちとは別に、いま生きていて、実務的なところでの助言者を持つことで、あなたの目指す場所にたどりつくまでのコースを教えてもらうことができます。

私には出版界の助言者が何人かいますが、原稿をただ書いているだけではわからなかったことを、いろいろなかたちで教えていただきました。その業界にいても、その人がいるレベルで、知っていることは違ってきます。業界のトップ、実績のある人からは、目から鱗《うろこ》が落ちるような成功の法則や秘密を教えてもらえるわけです。そういう意味で、自分の属する業界から探すということをすすめています。

理想の人には、なかなか出会えない

自分が進みたい業界からメンターを探すといっても、その業界にどんな人がいるのかよくわからない、という人もいるかもしれません。

そういうときには、まずはテレビや雑誌に出ている人や、流行っているお店を探してみましょう。その人が書いた本や、紹介された記事を読めば、「この人に教えを受けたい」と思える人が、きっと見つかります。

けれども、そういう有名人に、メンターになってもらえる可能性は、ほとんどないと考えたほうがいいでしょう。彼らは、とっても忙しく、文字通り分刻みで動いています。

彼らのライフワークにふれ、この人に弟子入りしたいと考える人は、あなた以外にもたくさんいます。彼らのもとには「一度会ってください」という類の手紙やメールがたくさん来ているはずです。

そう考えると、この種類の人々にメンターになってもらえる可能性は非常に低いと考えておいたほうが現実的です。彼らには、人にアドバイスをする時間的、精神的な余裕があまりないからです。よほどスマートなアプローチをしなければ、このタイプの人に会うことはかなわないでしょう。

よしんば会えたとしても、すでにたくさんの弟子を抱えていることも多く、よほどの見どころがないかぎり、弟子入りは許されないでしょう。

それでもいいのです。まずは、憧れの人を見つけることから始めましょう。それが、あなたのだいたいの方向性を決め、次につながっていきます。

業界で大御所はこの人だというのがわかれば、次の世代のリーダーが見えてきます。そうやって調べていくなかでも、「この人はなんか違う」とピンとくる人が出てくるかもしれません。フェイスブックを見ると、その人が、実は、大学の先輩の親友だったりして、実際に食事できたりするのです。

理想の生き方をしている人を絞り込む

自分の理想の人生像がはっきりするにつれ、憧れる対象もはっきりしてくるでしょう。たとえば、経済の分野で成功するのが理想だという人は、どのようなビジネスや投資で成功することに憧れるのかを明確にしてください。大きな組織を持ちたいのか、小さいほうがいいのか。都市部で活動をしたいのか、それとも、緑の多いところがいいのかなど、具体的なことまではっきりさせていってください。最初はわからないかもしれませんが、自分がどういうものを好むのかを知ることで、この作業が楽にできるようになります。

私を例にお話しすれば、人生を幸せに生きる知恵を本に書いたり、教えたりする人に強い憧れを感じました。そして、この人から学びたいという人にアプローチして教えを請いました。これも、自分にとってどのような存在が必要なのかがはっきりわかったからできたことです。彼らと時間を過ごしたなかでいちばんよかったのは、「理想の人生のサンプル」をごく身近に見させてもらったことです。

さて、憧れの人は、最初は一人でないかもしれません。もっといえば、進みたい道を一つに絞れない人も多いでしょう。女性であれば、社会に出てバリバリと活躍するキャリアウーマンに憧れる一方で、ごく普通の主婦になるのも悪くないと考える人もいるかもしれません。

自分はどんなライフスタイルで生きていきたいのかを考え、それに合った生き方をしている人を選ぶことです。

仕事を持ちながらも、素敵なパートナーがいて、自分の子どもがいる生活をイメージするなら、カリスマ主婦のほうが近いかもしれません。もしくは、子どもを育てながら、キャリアウーマンとして活躍している人もいます。自分は、家族のためにだけ料理をしたいというのであれば、主婦で幸せに暮らしている人を選ぶべきです。

人生のチャンスを広げる3つの方法

では、どうすれば、理想的なメンターに出会うことができるでしょうか。
メンターを見つけるための３つの具体的な方法を最後に挙げてみます。

（1）本を読んだり、映画を観る

私には、本や映画がきっかけになって、気づきを得たり、人生の大きな決断をしたりすることがたくさんありました。私が本を書くことを大切に考えているのも、一冊の本が人生を大きく変えることを自分が体験しているからです。

自分の世界を広げるのに、いちばん簡単な方法のひとつは、読書です。本を読むことなら、通勤や通学の電車内でもできます。良質の本を読むことで、人生の深い気づきが得られます。良書をメンターにするのは、多くの先人がやっていることです。本と対話できるようになるのは、感性を磨くうえでも重要だと思います。

（2）身近な人に聞いてまわってみる

こういうメンターが欲しいというはっきりしたイメージができたら、まわりの人に聞いてみることです。実際に聞いてまわると、以前には考えられなかった出会いを次々と経験できるようになります。自分の意識が変われば、体験する世界も変わっていきます。

仕事の同僚、上司、取引先、家族、友人、親戚に聞いていると、一人や二人、メンターになれるような人はいるものです。いちばん大切なのは、「どうしても探そう」という意気込みです。

（3）講演会、セミナー、旅行に行く

私が20代の頃、経済的に許すかぎり、あらゆる講演会やセミナーに行きました。

なかには、まったくつまらないものもありましたが、それは、確率論的にどうしても当たってしまうものだと納得しました。素晴らしい本物の一つに出会うためには、9つのつまらないものに出会うことぐらいは覚悟しなければなりません。普通の人は、つまらないものに当たりたくないので、投資をけちってしまい、人生のチャンスを逃してしまいます。

私は、直感的に「面白そうだ！」と思ったセミナーには出席し、そこで知り合った人との出会いを大切にしました。これには思わぬ効果がありました。セミナーそのものはたいしたことがなくても、同じようなテーマに興味を持っている人たちと友達になって、その後、彼らが人生を変える情報をもたらしてくれました。

いきなりトップの実業家に直接会うことは難しいかもしれませんが、その実業家が書いた本を読んだり、講演を聴くというかたちで出会うことなら、簡単にできます。

そのうち、実際に立ち話でもする機会もあるかもしれません。

また、ごく身近な成功者に会うことも、役に立つと思います。会社の先輩の同級生が店舗をやっていたり、あるいは、自分の部活の後輩がビジネスで成功した人を知っていたり、意外と自分のまわりに聞いていっても、自分が憧れる人たちはいるものです。

そういった人たちにアプローチしていくのもいいでしょう。

「幸せな人」をメンターにする

理想のメンターを選ぶうえで、いちばん大切な要素が、「幸せな人生を生きている」ことだと思います。幸せな人は、一緒にいるだけで、まわりの人を自ずから幸せにします。不安になったり、落ち込んでいても、幸せな人と5分も一緒にいると、安らかな気持ちになることができます。

不幸で大変な人生を送っている人についていってしまうと、あなたも同じ道をたどることになります。どれだけ社会的に成功していても、その人自身が幸せでなければ、優秀な導き手になれると、私は考えていません。

なぜ私がメンターの特質として、「本人が幸せであること」を大切に考えるか、もう一つの理由をお話ししましょう。

それは、幸せな人は、他人の人生に不必要に立ち入らないからです。寂しい人や不幸な人は、アドバイスや人助けと称して、他人の人生に干渉しがちです。表面的にはいい人に見えるので、他人の人生を邪魔しているようには見えないかもしれません。

けれども、よく見ると、彼らは他人を助けることで、自己重要感を満たそうとしているのです。自力でやることが本人のためになる場合でも、それを待たずに助けてしまうのです。これでは、その人が本来の力を発揮することができなくなります。

幸せに自分の人生を生きている人は、アドバイスをしません。あなたの本質を見抜いたうえで、信頼してくれているだけです。多くの場合、あなた以上に、あなたの将来を信じてくれているでしょう。だから、ああしろ、こうしろということを言う必要がないのです。

メンターに必要な特質の一つに、感情的なバランスが挙げられると思います。自分の感情的な問題を他人にぶつけるようでは、人を導くことはできません。

感情的にクリアになっている人は、相手の感情の動きもよく理解できる人です。目の前にいる人のなかに、どのような感情的なブロックがあるのかを的確に見ることができれば、さりげなく、次のステップを示してあげることが可能になります。感情的なバランスは、人間関係でももっとも大切な要素です。そのバランスの取り方を教えてもらうことは、非常にプラスになると私は考えています。

また、自分の嫌いなことをやって成功している人は、説教を垂れがちです。たとえば、「若い頃の苦労は買ってでもしなさい」とか、「石の上にも三年」とか言います。

幸せな成功者は、説教をしません。人間はそれぞれが違う特質を持っていると考えているのと、アドバイスの多くはなんの役にも立たないことを知っているからです。その人が、アドバイスを聞くほど優秀なら、最初から失敗しませんし、聞かない頑固な人は、反発するだけだからです。

大好きなことをやって成功している人は、若い頃から、自分と真剣に向き合ってきた人です。まわりから反対されたり、自分自身への疑いをはねのけ、自分の道を切り開いてきた人です。それと同時に、社会的にもうまく渡り合えるだけの処世術を身につけ、成功を実現しているわけです。

そういう人は、人情の機微《きび》に通じ、社会の仕組み、お金の流れ、ビジネスについて独自の哲学を持っているものです。そういう人に教えを請うことができたら、ただがむしゃらに頑張るよりも、自分らしい道を見つけられるでしょう。

メンターを探そうとするとき、完全無欠の人を想像しがちです。けれども、実際には、たくさん失敗をして、人間としてもまだまだ未完成の人物のほうが、いい先生になることが多いように思います。

人生で大きな失敗を経験していない人は、人間としての深みがなく、他人の痛みがわからないものです。人生でつらい体験をして、そこから立ち直った人は、素晴らしい導き手になれます。

なかには、失敗をしても、「こんなの失敗じゃない」と言って、ひたすら前だけを向いて突っ走るタイプの人がいます。こういうタイプの人に相談しても、「頑張れ、絶対道は開ける！」と気合いを入れられるのがオチです。

人生にはいろいろなことが起こります。時には、自分の意図するのとはまったく違う結果になることもあるでしょう。そういうときは、実はいろいろなことに気づくチャンスでもあります。

傲慢だった自分を見つめるチャンス、新しい可能性を見つけるチャンス、まわりの人間の本質を知るチャンスでもあるかもしれません。失敗の深い意味を読み解く力がある先生がいれば、彼の存在は、人生の暗闇で、あなたの光となってくれるでしょう。

私の出会ってきたメンターは、普通の人生を生きている人たちです。なかには、有名な人もいましたが、ごく常識的な生活をしていました。「俺の人生は完璧だ！」という人はいませんでした。どちらかというと、こちらが心細く思うような面を持っていました。

教えを請う側からすれば、メンターには完全な人生を送っていてもらいたいものですが、そんな人はこの世界には存在しません。人間として不完全な状態でありながら、どう人生で折り合いをつけるのか、そこがいちばん大切だと私は思います。

自分を包み隠さずさらけ出してくれるからこそ、彼らは人生の先生になれるのです。メンターは、先生でありながら、同時に人生という同じ道を歩く友人でもあるのです。

アメリカにいるとき、ある人から聞いた言葉です。

「人の本当の価値を知りたければ、その人のパートナー、ごく身近な友人に聞いてみるがいい。彼らが賞賛の言葉を述べるなら、その人は本物である」

これまで、社会的に成功していても、親しい友人がいなかったり、パートナーに尊敬されていない人をたくさん見てきました。人間の価値は、その人を間近で見ている人がいちばん判断できるでしょう。

偏った超プラス思考、超ネガティブ思考をする人は、そういう面でいい助言者にはなれません。それは、彼らが自分のなかにあるマイナス面、プラス面を統合していないからです。

見分け方は簡単。身近なパートナー、家族、友人と幸せな人間関係を持っているかどうかです。親密な関係を持っていたら、必ず身近な人とのつき合いで、バランスが取れるようになっているからです。

また、メンターは、長くつき合う人ほど、相性が大事になってきます。

最終的には、あなたが好きだなぁと心から思える人を選んでください。

あなたが、「いろいろあっても、この人が好きだなぁ」と思い、その人も「あいつにチャンスをあげたい」「あの子に何かしてあげたい」と思ってもらえる相思相愛の関係になれば、人生の学びも、有意義なものになるでしょう。

第5章

教えを請うための
アプローチ方法

候補の人がどのようなタイプの人間かを知る

メンターに弟子入りするには、候補となる人のライフスタイルや社会的地位などによっても、アプローチを変える必要があります。

たとえば、非常に忙しく、分刻みで活躍している政治家と、引退したり、セミリタイアしているアーティストでは、まったくライフスタイルが違います。彼らの人生に対する考え方や雰囲気、人との対応のしかたも違います。

あなたが、弟子入りしようとするなら、候補の人のことをよく知ることが先決です。彼らが、どのようなタイプの人間かを調べましょう。彼らのライフスタイル、考え方、メンターになってもらえる可能性について、事前にチェックしておきましょう。

（1）忙しくて、社会的に有名な人

まず、普通の人がすぐに思いつく候補の多くは、社会的に有名な方だと思います。テレビによく出たり、新聞や雑誌に登場したり、本を書いたりしている人がこのカテゴリーに入ります。この人は、メンターにはなれません。

（2）成功しているが、社会的にはあまり知られていない人

このタイプの人は、社会的に成功していますが、有名というわけではありません。前のタイプと同様に忙しい毎日を送っており、他人に時間を割く余裕がないのが実情です。それは、彼らが会社を大きくしたり、新しいプロジェクトを次々と追いかけるのに忙しいからです。けれども有名な成功者と違って、メンターになってもらえる可能性はあります。丁寧に礼を尽くして頼めば、個人的に会ってくれることもあるでしょう。

（3）ビジネス・政治の世界で成功している人

ビジネスや政治家として活躍しているタイプの人は、日常的にたくさんの人と会うのに慣れています。ですから、会ってもらうだけであれば、すんなりといく可能性があります。

政治家は、人と会うのが仕事のようなところもあり、あなたが彼らの選挙区に住んでいたとしたら、まず間違いなく会ってくれます。

成功したビジネスマンなら、一期一会という考え方を大切にしている人も多く、出会いを大切にしています。世界的な企業の経営者など、超多忙な人でなければ、あなたが彼らの琴線にふれるようなアプローチ次第で会ってもらえるかもしれません。

（4）アート、文筆業、芸能界、スポーツ界で成功している人

アート、文筆業、芸能界、スポーツ界で成功している人たちのノリは、ビジネス、政治の世界で成功している人のノリとはまったく違います。彼らは、よほどのことがないかぎり、一般の人と接する機会を持ちません。ファンクラブなどの

パーティなどで、数分立ち話をすることはあっても、個人的な関係まで持とうとする人は稀《まれ》です。ファンの人と中途半端につき合うと、ストーカーまがいになる人も出たりして、面倒なことになるからです。

彼らにメンターになってもらうには、彼らの世界に飛び込んでいくしか方法はないでしょう。所属する事務所にもぐり込んで、鞄持ちをやったり、アシスタントになれば、引き受けてもらえる可能性はあります。もちろん、あなたにその分野での才能があることが前提になってくるのは言うまでもありません。

(5)引退またはセミリタイアして時間のある人

引退している人やセミリタイアしている人は、時間もたっぷりあります。また、暇な時間をもてあましがちなこともあり、メンターになってくれる可能性は大です。私も、最近は執筆の時間を優先していますが、以前、完全に育児しかしていなかったときは、いろいろな人と会っていました。

また、私が若い頃、フロリダで出会った老人たちのような引退した人も、時間を取ってくれる可能性があります。時間はたっぷりあって、面白い時間を過ごせるようなら、のってきてくれるでしょう。

ただ、彼らも、礼儀正しく、筋を通して頼まなければ、相手にしてもらえないかもしれません。彼らは、いくら時間があるといっても、やる気のない人や学ぶ意志のない人に時間を無駄にすることはないからです。

弟子入りの「スタイル」を決める

弟子入りするアプローチを考えるときに、いろんなスタイルがあることを知っておいてください。一つひとつ、見ていきましょう。

（1）メンターの家に住み込む

高度成長期の頃には、成功した人の家に書生がいるというのは、それほどめずらしいことではなかったようです。いまでも、落語家や芸能人、相撲の力士などは、住み込みで修業するスタイルです。野球選手の場合、ルーキーのうちは球団の寮に入りますが、これも一種の住み込みといえないこともないかもしれません。

住み込みというのは、たとえ自由な時間もあるにしても、基本的には一日24時間を拘束されることになり、一時にせよ、全人生を賭けて弟子入りするという、ややハイリスクなパターンだといえるでしょう。

(2) メンターが経営する会社の社員になる

メンターの会社で働くことによって、その人がどういう仕事をするのか、ごく間近で学ぶことができます。しかし、大企業の場合、ほとんど顔を合わせる機会がないので、多くても、従業員が数十人程度でないと、弟子入りしたとはいえないでしょう。

秘書や運転手をさせてもらったりできれば、ごく身近に接することができます。成功している実業家に元秘書や運転手をやっている人たちはたくさんいます。彼らは、メンターの元で働くことで、成功するためのすべてを学んでいます。

(3) メンターと一緒に仕事をする

社員になるのではなく、たとえば一つのプロジェクトを立ち上げて、一緒に仕事をしながら教えてもらうというパターンです。

私は、20代の前半から会社を経営していたので、いつもこのパターンで教わっていました。こういうスタイルなら、時間を拘束されることもないし、対等につき合うことができます。メンターの会社の社員になるよりも、フリーランスで仕事をするというやり方のほうが、現代にはマッチしているといえるかもしれません。

(4) メンターが経営する学校に入学する

たとえば憧れの人が経営している料理学校に入校するというのもありです。そうすれば、もうカリキュラムが準備されているので、体系的に学べるようになります。

けれども、学校に入っても、それだけで個人的に親しくなれるわけではありません。それ以上に学びたければ、何らかのかたちで個人的に親しくなれるアプローチ方法を考えましょう。懇親会などのパーティで会えたときには、一言二言でもいいから話をして、覚えてもらうといったことが大事になってきます。

スタートを切るうえで気をつけたいこと

弟子入りしたい人にアプローチする際に、メールがいいのか、ファックスがいいのか、手紙がいいのか、あるいは人づてがいいのかということがあります。あなたのメンター候補が決まったら、どういうアプローチで近づいていくのかを考えることです。手紙を書いて、それから、メールでフォローして、そこから電話してみようというのも一つの方法でしょう。

ここではそれぞれのアプローチ方法について、説明していきます。

(1) 紹介ルートを探す

セールスも同じなのですが、いきなり飛び込みでいくよりも、紹介されたほうが、はるかに会ってくれる確率は高くなります。どのルートで紹介されるのがいいのかも、計算しておく必要があります。できるだけその人よりも社会的に立場が上の人から紹介してもらうといいでしょう。目上の方からの紹介だと、その人も、なかなか断れないものです。

私は、あつかましくも、お会いしたその方のオフィスから直接電話してもらい、アポイントを取っていただくということをよくやっていました。「いま私のところに面白い青年がいてね、君に紹介しようと思うから、今度、食事でもご馳走してやってくれ」と偉い先生に頼んでもらうわけです。

お世話になっている人や先輩格の方から、そのように依頼され、誰が断れるでしょうか？　こうやって、私はタダ飯にありつくだけでなく、多くのトップクラスの方にご教授いただけるようになったわけです。

（2）手紙&はがき

ビジネスの場面でも、メールやSNSのメッセージ機能が、コミュニケーションの手段として用いられることが多くなりましたが、手紙やはがきは、現在でも重要なツールです。

特に、こちらの誠意や真剣さを伝えるのなら、メールより、手紙やはがきのほうが、はるかに効果があります。というのも、現在社会的に活躍している人は、若い世代には信じられないでしょうが、いまだにメールアドレスを持っていない人も多いのです。優秀な秘書がいれば、メールに頼ることもないので、その必要がないということもあります。

（3）ファックス

年配の方は、いまでもファックスをメール代わりに使う人が多いというのが、私の印象です。けれども、目下のこちらのほうから、いきなりファックスを入れるというのは避けたほうがよさそうです。

私は、ファックスは、いただいたお礼状に限るべきだと考えています。もちろん、メンターとのやりとりが始まってしまえば、ファックスもいいでしょう。私も、実際にファックスでやりとりする年配の方がいます。

（4）メール、SNS

相手が、メールを使いこなしているという場合には、いちばん有効な手段だといえます。しかし、相手が有名になればなるほど、毎日のファンメールも膨大な量がきています。メールでは、簡潔に自分をアピールし、覚えておいてもらうことです。

そして、はがきを出したり、講演会に出かけたりと、いろいろな方法でコンタクトを取り、次のチャンスを待つのです。パーティなどであいさつするときに、「先日メールを差し上げた○○です」と言ってみましょう。覚えてもらえてなくても、がっかりすることはありません。

最初のメールに、いきなり「メンターになってください」なんて書いても、常識を疑われるだけです。師弟関係は、魂の契約とでもいえるぐらい深く、大切なものだからです。

こう考えればピンとくるかもしれません。あなたの会ったこともない人から、

「私はこういうものです。仕事はサラリーマンです。よかったら、結婚を前提として私とつき合ってください」

というメールがきたら、あなたならどう思いますか？

たぶん、そのままでなんの返信もしないでしょう。

（5）電話

最初のコンタクトとしては、できるだけ避けたほうがいいでしょう。電話は、相手の自由を奪うものだからです。失礼で、傲慢な印象を与えることは間違いありません。たとえ、秘書の方への電話だったとしても同じです。

そう考えると、電話というものは、これからは、とっても親しい人の間柄でしか使われないコミュニケーションツールになっていくのかもしれません。とにかく、よほどの紹介者がいて、こちらから電話がいくということを先方が知っていないかぎり、使わないほうがいいでしょう。

(6) 講演会、パーティで出会う

私がよく使った方法です。著名人には、この方法がいちばん効果的だと思います。講演会やセミナーに出かけていき、一番前の席に座ります。そして、熱心に講演を聴き、メモを取ります。講演の最後にはたいてい質問のコーナーがあります。私は、いつも質問を最初から考えていき、質疑応答コーナーになると、すぐに手を挙げます。

日本の講演会では、たいてい、最初の質問の手が挙がるのに時間がかかるものです。いくつか質問が出るにつれ、手が挙がり始め、「次で、最後の質問です」と司会者が言う頃には、何十という手が挙がるというのがよくありがちな光景です。最初なら、会場の緊張感もあり、みんな遠慮しています。そこで「ハイッ」と大きい声で手を挙げ、ユニークな質問をするのです。いろいろな場所で講演している講師は、どこにいっても同じような質問ばかり受けています。そういうなかで、鋭く、ユーモラスで、ちょっとひねった質問をすると、とても好印象を持ってくれます。「なかなかできるじゃないか」と感心してくれるわけです。そこで、講演会が終わったあと、さっと走っていき、質問に答えてくれたことへのお礼を言うのです。

可能なら、自己紹介をしたり、相手が喜びそうな情報を持っていることを伝えてください。その後、丁寧なお礼状を差し上げ、「できれば今度どこかで5分でも会えないか」ということをお願いするのです。

私は、この方法を取ることで、たくさんのメンターに出会うことができました。

多忙な人でも、面白いと思った人物には時間をつくってくれます。車で移動するときに、次の目的地に着くまでの15分だけ同乗させてもらうということだってありえます。自分にはムリだと思わずに、ダメもとで聞いてみましょう。

第6章

弟子入りするための最初の試練

人生の師が、あなたに求めること

メンター候補を口説くのに、なにより大切なのは、自分という人間が、その人にとってどんな得をもたらすことができるかを伝えることだと思います。

もちろん、メンターになるような人は、「いくら儲《もう》かりますよ」というようなことでは、動きません。もっと別の次元の「得」を、彼らは求めるのです。

幸せに成功している人は、若い頃に人生を変えるような出会いを体験していまず。お金も自信もない時期の自分を励ましつづけてくれた先生には、並々ならない恩義を感じています。

しかし、師弟の関係は親との関係と似たところがあり、恩返しできる頃には亡くなっていたりするものです。また、お礼をしようとしても、受け取ってもらえないこともあります。

明治時代、成功した実業家、役人、大学教授の家には、経済状態に応じて書生と呼ばれる人が住み込んでいました。簡単な家事をやる代わりに、生活費はおろか、授業料も出してもらった書生さんもたくさんいたそうです。彼らが出世したときにお礼をしたかというと、必ずしもそうではありませんでした。恩人に報いる代わりに、彼らは次の若者を援助していくのです。

同じことが、メンターにもいえます。人生の真理を求める人に、自分の知恵や経験を分かち合うのは、昔受けた恩を返したいという気持ちの表れです。

アメリカのフロリダに滞在していたとき、たくさんのユダヤ人の老夫妻に招かれ、ご飯をご馳走してもらいました。彼らは、若い頃、シベリヤ経由で神戸に滞在したことがあり、そのとき、日本人に親切に迎え入れられたので、その恩を返したいというのです。何十年のときを経て、私が生まれる前の神戸市民の親切の恩恵をフロリダで受けたわけです。

多少の経済的な余裕ができてからは、私も若い留学生には、ご馳走をしたり、援助したりして、当時の恩を少しでも返そうとしています。私の観察では、昔の恩に報いるという態度は、文化の違いを超えて、成功している人に共通しているようです。

成功者が誰かを教える理由として、「人を育てる喜び」というのがあります。一般的に、経済的、感情的に満たされていない人は、他人の成功や幸せを素直に喜べません。しかし、いったん「成功ライン」と私が呼ぶ線を越えた人たちは、他人が幸せになっていく姿を何よりの人生のご馳走にしています。経済的、社会的に十分満足している彼らにとって、幸せな人が増えるのは、喜ばしいことなのです。

教える弟子が幸せに成功していくのを見るのは、彼ら自身の成功よりもっと楽しいことだといえるでしょう。

若い頃の私は、「いまの自分を身近に置いてもらっても、なにも差し上げるものはありません。けれども、将来、『あいつは俺が育てたんだぞ』とまわりに自慢できるような人物に必ずなります」と、メンターに約束しました。そんな約束して、大丈夫かなぁとドキドキでしたが、それぐらい自分を追い込んだことが、のちにモチベーションにつながりました。

あなたの「売り」は何か

あなたのメンター候補はたいてい忙しいはずです。そういう人たちを、どう口説いていくのかが、弟子入りする方法ですが、その前には、事前準備が必要です。まず、「自分が誰なのか」を相手に知ってもらうことについて考えましょう。

あなたの「売り」は何でしょうか。

売りとはセールスポイントのことです。あなたが他の人と比べて、優れている点、相手があなたとつき合って得するところを考えておきましょう。

20歳になったばかりの頃、「私の売り」は若さしかありませんでした。

フロリダの老人ホームに長期滞在していたとき、老人たちにとって、若い私と一緒に話をすることが喜びになるのだと教えられました。ある程度の年齢になって、社会的に成功すると、若い人がまわりにいなくなります。元気いっぱいで、理由もなく希望に燃える若者は、彼らにはまぶしく映ります。若い人を見ると、昔の自分を思い出し、楽しい気持ちになれるのです。若い人たちと一緒にいられるというだけで、彼らにとっては、至福の時間になるのです。若い人にはピンとこないかもしれませんが、このことを耳にタコができるほど、聞かされました。

そして、その後、自分の若さを売りにして、多くのメンターから教えを請うことができました。いまの私には、老人たちの気持ちが少しわかるような気がします。だから、若さを売りにできる人は、それでいいと思います。でも、若さを売りにできるのは、せいぜい25歳までだと私は思います。もちろん、30代になっても、「まだまだ若い」とは思いますが、なんでも教えてあげたいとはならないのではないでしょうか。いま、すでに25歳以上の人も、遅くはありませんが、若さ以外に何が売りになるのかを考えておきましょう。

もちろん、何歳になっても、誰かに弟子入りすることはできます。年下の人でもいいのです。ある程度の年齢になったからといって、あきらめないでください。

たとえば、「釣りが好き」というのが売りになることもあります。漫画「釣りバカ日誌」のハマちゃんは、釣りだけが生きがいの万年ヒラ社員ですが、釣りで知り合ったスーさんという初老の男性を弟子とします。そのスーさんこそ、ハマちゃんが勤める大手ゼネコンの社長なのです。その人と同じ趣味だということで、メンターにかわいがられることは、案外少なくありません。

「写真に詳しい」「アメリカの音楽に詳しい」「将棋ができる」ということで、一緒に旅行にいったり、明け方近くまで語り明かしたり、ということもあります。

また「面白い人」「一緒にいて楽しい人」「気が利く人」として、なにか集まりがあるごとに声をかけられる人もいます。

「運転ができる」ということで鞄持ちになったり、「英語ができる」ということで通訳を頼まれたりして信頼関係を築いていくこともあります。「手品ができる」ということで余興に呼ばれて、素晴らしい人物と知り合えた人もいます。

「自分にはなにもない」とがっかりする必要はありません。いまの自分にはなにもなくても、「将来、こういうことをしたい」という夢も、十分に売りになるでしょう。

1分で自分をアピールできるか

ここで、あなたのメンター候補が、あなたから手紙をもらったとき、どう考えるかを想像してみましょう。

「私は、○○に住む、○○というものです。そして……」という書き出しで始まる、あなたの手紙かメールを受け取ります。その情報をもとに、その人物と会うかどうか、また貴重な時間を割いて教えを授けるかどうかを決めることになります。

あなたは、一言でいって、どんな人ですか?

これを端的に、さわやかに説明できないと、相手は、あなたに興味を持ってくれないでしょう。

私は若い頃、メンターから1分間スピーチを徹底的に仕込まれました。自分が誰かということを1分以内に説明できなければ、すべてがそこで終わるからです。これは、ビジネスを起ち上げるときにも、もっとも必要なスキルでもあります。

アメリカでは「エレベーター・トーク」といって、有名人がいるエレベーターに乗り込んで、到着階に着くまでの1分のあいだにプレゼンして、数億円の出資をOKしてもらうということがあります。そのエレベーター・トークの1分で、投資家の気持ちをどうつかむかが成功の秘訣ですが、それには、事前に準備しておかなければなりません。

たとえば、「自分は帰国子女で、マレーシアで事業を展開するノウハウがあります」とか、「料理人の免許を持っていて、20人くらいのホームパーティなら一人で仕切れます」とか、「外国車の運転はもちろん、メンテナンスも自分でできます」……などなど、それが相手の望んでいるものと合致したら、「あと5分、話を聞かせてくれないか」ということになり、そこから、「食事でもしながら、話を詰めよう」というふうになっていくわけです。いずれにしろ、最初の1分で、面白い人間か、役に立つかをどれだけ伝えられるかが大きなポイントになります。

また、なぜ、この人にアプローチするのかを明確にしておくことも、とても大切です。メンター探しをする人のなかには、有名人にさえ会えれば、なにかヒントが見つかるのではないかと考える人が結構います。この人たちは、写真を一緒に撮ってもらったら、満足してしまうのです。

たしかに、彼らの雰囲気を身近に見ることで、何かを感じ取ることができるかもしれません。しかし、継続的な関係がなければ、学びは深まらないでしょう。

大切なのは、「近づく動機」です。

多くの人が、彼らから何かをもらおうとか、学びたいとか思っています。当然、彼らも新しく近づいてくる人に対しては、少し警戒するでしょう。

私は、教えを請う代わりに、友情を持つようにしていました。自分には、経験や才能、スキル、お金、人脈などあげられるものはほとんどなにもありません。ですが、友情はこちらからあげることができます。

年齢の違う友人は、人生でもっとも楽しく、貴重なものです。年を重ねた彼らは、若い私と友人になることで、癒やされるということもあったようです。

人間的に尊敬できない人からも学べることがある

だいぶ、メンター候補が絞り込めたと思いますが、あなたは、なぜ、その人に助言者になってもらいたいのでしょうか。

「成功しているから」
「ベストセラーを出しているから」
「たくさんの人に慕われているから」
「尊敬しているから」

きっかけは、それぞれだと思います。そんなふうに、「この人は素晴らしい」と思って、メンターになってほしいと願うわけですが、実際に会ってみると、なにか違和感を覚えるということもあります。

先生というと、完全無欠の人を想像する人が多いかもしれませんが、教えるほうも人間です。私が出会ってきた人たちは、みなそれぞれに人間的なクセや問題があり、必ずしも完璧な人ではありませんでした。しかし、問題を解決したり、人生の方向性をはっきりさせるという点では、抜群の力を発揮してくれました。

人から教えてもらうのに、その先生が素晴らしい人格者である必要はありません。逆に、人間的に完全でないために、かえって魅力にあふれていたりするものです。すごいと思っていた先生がすべてにおいて完璧でないのを知ると、多少の幻滅を感じることがありましたが、なぜかホッとしたことも覚えています。

多くの人は、完璧な人を探してばかりいるので、なかなか身近にいる素晴らしい先生にめぐり会えないのです。それは、恋人探しでも同じようなところがあるのかもしれません。

自分が学びたいと思っていることを教えてくれる人なら、どんな人からも学ぼうという謙虚な態度を持つことです。

第7章

学ぶ姿勢を身につける

人生を導く師は、必須項目を知っている

優秀な導き手は、その業界のすべてを知っています。

20年、30年、場合によっては40年以上も、その業界でやってきた人は、何を知らなければならないか、何がいらないのかなどを熟知しています。

また、長年の経験で、長続きする人と、途中でダメになる人の両方を見てきています。どんな世界でも、才能さえあればやっていけると考える人は多いかもしれませんが、それだけではないようです。どんなに才能があっても、挫折する人もいれば、それほどの才能がなかったのに、いつのまにかトップを極める人もいます。これは、どこの世界でも、同じことがいえるのではないでしょうか。

では、いまの自分に足りないものは何か、これからの自分に必要なものは何か。

それを教えてくれるのがメンターです。

たとえば医師の世界ならば、自分は外科なのか、内科に向いているのかは、迷うところではないでしょうか。弁護士ならば、弁護士事務所に籍を置くか、一般の企業に就職するかでは、同じ法律関係の仕事をするのでも、道は変わってきます。編集者ならば、書籍か、雑誌かで、仕事の中身は、全然違うものになります。

その人の性格や性分によって、同じ職業についても、向いている分野と向いていない分野があるものです。そこをアドバイスしてもらうわけです。

国内で仕事をしたほうがいいのか、海外に出るほうがいいのか。自分で起業したほうがいいのか、企業に就職したほうがいいのか。

少人数を相手にしたほうがいいのか、大人数をターゲットにしたほうがいいのか。女性をターゲットにしたほうがいいのか、男性をターゲットにしたほうがいいのか。

自分ではなかなかわからないことも、優秀な導き手なら、長年の経験から、一瞬で見抜いてくれます。

「やらなくていいこと」は積極的に捨てる

あなたが選んだ分野で、学ぶことは無限にあると思いますが、必要なものから順番に手をつけていくことです。

最終的には、すべてを学ばなければいけないにしても、まずは、そのうち絶対に大切な2割をマスターするべきです。どうして「2割」かといえば、その2割のなかに、8割のことが含まれているからです。

英語を勉強するにも、「This is a pen.」からやっていたら、なかなか実践的な会話までいきつけません。実際に、ペンを指差しながら外国人に、このフレーズを言ったことがあるのですが、すぐに「I know（知ってる）」と言われて、大笑いされた。

私が英語を学んだときは、朝から自分が言う言葉を日本語で書き取っておいてそれを英語に翻訳して覚えました。これでだいたい言いたいことの多くは英語で言えるようになります。

同じように、あなたの専門分野で何がいちばん大事で、何をいまは捨ててもいいのか。いま捨てるものは、場合によっては一生捨ててしまう、ということもあると思います。

たとえば、会社経営をするのに、税務関係のことは大事だと思って、簿記を勉強しようとする人がいますが、それは税理士に頼めばいいことです。あなたは、本来の経営に意識を集中させるべきです。

すべてを自分でやろうとせずに、専門家に依頼するなり、アシスタントを雇うなりすることで、自分がしなくてもいいことは任せられるはずです。すべてに通じようとせず、自分の持ち場を決めて、そこだけは誰にも負けないぐらいになることで、次が見えてきます。

残念ながら、限られている時間のなかで、すべてをマスターすることはできません。ドキドキしながらも、「これはいらない！」と思ったら、積極的に捨てましょう。

必要なときがきたら、また学び直せばいいのです。

何を学ぶべきで、何をやらなくていいのか、そういったことも、メンターから学んでください。昔ならともかく、聞いてみれば普通に教えてくれる可能性はあると思います。

「体系的なカリキュラム」は自分でつくる

どんな仕事にも、最低限これだけは学ばなければならないというカリキュラムがあります。それは、たいていマニュアル化されているわけではありません。

そのカリキュラムを自分でつくることが、その分野で成功するための最初のステップです。これから何を学び、何を学ばないかということにつながっていきます。

たとえば、保険のセールスでいくと、「見込み客の開拓」は必要項目です。そこから、「見込み客へのアプローチ」「実際に保険の説明をする」「お客様の質問に答える」「最終的に意思決定を促す」「アフターフォロー」「紹介してもらう」……といったステップがあります。自分でカリキュラムをつくって、そこに30のステップがあるとしたら、それを一つずつ、経験しながら学んでいくわけです。

そのなかで、「自分の弱いところ」や「伸ばしたいところ」が見えてくると思います。苦手でもしなければならないこともあるでしょうし、それを伸ばすことで自分を高めていくこともあるでしょう。そうしたことが、その人の成功度合いを決めると思います。

自分が修業していくあいだに学ぶカリキュラムを、自分でつくって、それを一つずつメンターに教えてもらうことです。

カリキュラムまでつくってもらうというのでは、都合がよすぎます。あなたがつたないながらも頑張ってつくったカリュクラムを見せたら、いろいろとアドバイスをしてくれるかもしれません。

でも、最初に、あなたのオリジナルカリキュラムをつくらないと、せっかくの教えも生かされません。というか、何を聞いていいのかすら、わからないでしょう。

メンターに出会う前に、一生懸命何を学ぶかを考えていくのです。そのうちに、自分が勝負するべき場所が見えてきます。

そして、逆に、ここでは難しいなということもわかってきます。

自分のいちばん得意なことを見きわめる

自分の好きな分野でも、自分が得意なところと、あまり得意ではないところがあると思います。そのときに、自分の得意とするところを、とことん極められるかどうかが大切で、それを愚直にやれる人が、その分野でトップになれます。

たとえば、クリーニング屋さんで、「どんなシミでもきれいに取ってくれる」という評判が立つと、お客さんがお店に行列をつくることになるわけです。でも、「なんとなく、どれもきれいに仕上がる」ぐらいの店には、行列はできません。

どんな分野でも、「ピカイチな人」というのはいるものです。たとえば建築士なら狭小住宅が得意だとか、美容師ならカットの技術、エステだと顔のマッサージが神業だとか、パティシエならチョコレートケーキが絶品だとか、外科なら膝の手術は日本一とか、そういう「誰にも負けない得意分野」を極める人です。そうなるためには、「自分はどの分野を選んで、感性を研ぎ澄ますのか」ということを、どこかの段階で決めなければなりません。

メンターとの出会いには、きっかけがあります。私の場合は、それが通訳の仕事でした。英語やコミュニケーションが大好きで、学生時代に、交渉のスキルに磨きをかけていったことが、メンターの目にとまったわけです。

もちろん、技量的にも、人間的にも、まだまだだったと思います。しかし、一生懸命にやっている姿をメンターは必ず評価してくれます。

あるとき、メンターに、「どうして自分にエネルギーと時間をかけてくれるのか」と聞いたことがあります。すると、意外な答えが返ってきました。

「それは、君が一生懸命だからだよ。たぶん、君に教えていることは、無駄にはならないだろう。君なら、私が教えていることを必ずものにしてくれると思うから、時間を取っているんだよ。それに君のことが好きだしね」

という、もったいない言葉をもらったのです。

自分のいちばん得意な分野の才能を高めていくことで、素晴らしい人物と知り合うきっかけを得ることができます。私は法学部にいたのに、毎日のほとんどを英語の通訳技術を身につけるために、使っていました。英語をマスターする時間があったら、法律、簿記、コンピューターなど、実務的な知識を身につけておくべきかどうか迷ったこともありました。しかし、結果的には大好きな英語を追いかけたからこそ、素晴らしい人たちと出会えたのです。そして、彼らから、いまの人生につながるチャンスをたくさんもらうことができました。

自分の大好きなことを追いかけていくことが、運を開く道だと私は思います。自分を成長させてくれる人とつながる接点を持ったら、次に自分の何を磨くのかを決めることです。

私は、結局、英語の分野では勝負せず、いろんなことを学んでそれを複合させることで自分の世界をつくっていきました。けれども、最初のメンターたちとの出会いのきっかけは、英語でした。いまでも、新しい人と出会うとき、英語が話せることがとても役に立っています。

第8章

生き方の見本となる人から得る深い学び

人生でいちばん大切なことを学ぶ機会

メンターに教わるべき内容は、大きく分けて6つあります。

（1）人間としてのあり方
（2）幸せで豊かな人の感性
（3）人とのつき合い方
（4）人生のビジョンを受け取り、それを実現する方法
（5）ライフワークに関するスキル
（6）日常的なふるまい

これらを身につけることで、人生を楽しむ達人になれるのです。
古今東西の歴史を通して、成功者は若い頃に人生の師と出会い、手取り足取り

教わることで成功するのに必要な感性やふるまいを身につけています。昔から商売をやっている店に丁稚奉公《でっちぼうこう》するのは、先ほど挙げた処世術を身につけるためです。生活を共にすることで店主から商売のやり方、人とのつき合い方などを学びます。そして年季が明ける頃には一人前の商人になるのです。

昔の政治家の卵も、書生として政治家の家に住み込んでいました。そして秘書として身のまわりの世話をしながら、人間関係の機微を学び、人脈を受け継いでいったのです。

将棋や囲碁、歌舞伎、落語の世界でも同じです、師匠の家に住み込んで稽古《けいこ》をつけてもらうのが普通でした。最近でこそ通いの弟子が多くなったようですが、昔はほとんどが寝食を共にしていました。そうやって、師匠の持つ成功者のリズムを身につけていったのでしょう。

「はじめに」で、人生を山にたとえたら、メンターから学ぶのは、最短ルートの行き方ではないという話をしましたが、山登りとは何か、ということを彼らと話したときに、それが人生の喜びとして、どう感じるかということにつながっていくわけです。

たとえば、ある料理人は弟子に次のように教えたそうです。

「この料理を誰に出すと思う？　家族連れだよね。ということは、俺たちはただ料理を出しているんじゃない。お腹を満たすことをやっているんじゃなく、家族の思い出をつくっているんだ。一皿、一皿に、思い出を感じてもらう。そんな素敵な仕事をやっているんだよ、俺たちは！」

そういうことを聞いたら、みんな奮い立つでしょう。

人は、日常に慣れると、単なる作業に埋没してしまいがちです。普通の料理人は、目の前の素材を処理するとき、つい機械的な作業になってしまうかもしれません。

けれども、そうじゃない。自分の仕事は、ただ料理をつくっているのではなく、「家族の思い出をつくっているんだ」ということを認識させてくれる。その物事の本質、人生の本質というものを感じさせてくれるのが、メンターの存在なのです。

彼らは、一見普通に見える作業に、特別な意味を感じ、単純なことのなかに神を見ることができるのです。それが、彼らが成功した理由なのでしょう。

メンターと一緒にいると、見えなかった美しいものが、自然と見えるようになるから不思議です。彼らは、白黒の世界を一瞬にしてフルカラーにする魔法を使えるのです。

メンターが普段、どのように世界を見ているかが垣間見えるようになると、あなたの人生も変わっていくでしょう。

賢者の「あり方」を感じる

先生のような存在から学べることでもっとも大切なものが一つあるといわれたら、私は、「あり方」を挙げるでしょう。たとえば、カウンセラーだったら、クライアントと向き合うときのあり方。作家だったら、本を書くときのあり方。教育者なら、子どもとの接し方。医者なら、患者さんとのつき合い方。ライフワークと向き合うその人のあり方が、その人の人生です。

それは、たとえば、「この仕事で儲けてやる」というあり方もあれば、「これでたくさんの家族を幸せにしよう」という人のあり方もあるでしょう。そのあり方によって、人は、批判的に感じたり、感動するのです。

たとえば、表面的には料理のおいしさに感動しているのかもしれませんが、目に見えない料理にかける愛情とか、それを食べるお客様への気持ちといった心配りに感動しているのだと思うのです。一流の旅館やホテルのサービスは、あたたかいコーヒーを持ってきてくれることではなく、そのおもてなしの気持ちが嬉しいわけです。

一流のメンターは、人に、そういう温かさを感じさせる姿勢を持っています。

和菓子職人でも、あるいは経営コンサルタント、ビジネスマン、政治家、アーティストでも、それぞれに哲学があります。なぜそれをやるのか、どういう気持ちでやるのか、ということに応えられるものがあるわけです。

ある作家に、「どういう気持ちで原稿を書かれているんですか？」と質問したことがあるのですが、その人の答えを聞いて驚きました。

「私はただ文章を書いているのではなくて、一行一行に、祈りを込めながら文章を書いています」

「てにをは」を間違えないことに一生懸命な自分とのあまりのレベルの違いに恥ずかしくなりました。それ以来、私も一行ごとに、「これを読む人が幸せになりますように」と祈りを込めながら、本を書くようにしています。

「科学では解明できないかもしれないけれど、読んだ人は感じてくれるかもしれない」と思って、同じように、私も祈りを込めて、文章を書くようにしています。たぶん、一流のお寿司屋さんも、寿司を握るとき、美容師さんは髪を切るとき、同じことをしているのだと思います。

メンターから学ぶべきは、こうした謙虚で、深いあり方だと思うのです。

こうしたことは、人間としてどう生きるのかという人生哲学です。人生を生きるうえでの基本指針です。特定の宗教を信じていなくても、人としてどう生きるのかについて、体系的な考え方を持つのは大切なことです。

人生とは何か？　仕事とは何か？　男女関係とは何か？　社会の成り立ちとは？　運命とは？　といった哲学的な問いに、優秀な導き手は、明快に答えてくれます。

それは、彼らが体系だった独自の哲学を持っているからです。

普通の人は人生、お金、男女関係、ビジネスの本質を理解しないまま生活しています。あるときは幸せになり、あるときは不幸になる。外部の状況にいちいち振りまわされ、心の平安を保つことができません。

メンターとの質疑応答を繰り返していくうちに、人生についての理解が深まり、確固たる人生観ができあがっていきます。

そのためには、「なぜなんだろう?」と考えるセンスが何よりも大事です。

私はいままでいろいろなメンターに、人生に関する質問をたくさんぶつけてきました。短いときでも数時間、長いときは何日にもわたって、質問攻めにしました。私の好奇心や、真理を知りたいという熱い思いが伝わったのか、こちらが真剣勝負を挑むと、同じだけの意気込みで応えてくれることが多かったように思います。

先ほどメンターは明快な答えをくれると言いましたが、こと細かに解説してもらえたわけではありません。素晴らしい助言者ほど、すべてを懇切丁寧には解説してくれないものです。自分で考えることができるように、直接的な答えではなく、ヒントをくれます。「どうして、ああいうことを言うのだろう?」と考えさせて、弟子の思考力を高めていってくれるのです。

メンターからくる情報をつなぎ合わせて考えていくうちに、自分のなかに独自の人生哲学ができあがっていくのだと思います。

背骨に響く生き方をしよう

渡部昇一先生と対談させていただいたことがあります。

著作シリーズは2000万部を超え、なかでも『知的生活の方法』は大ベストセラーで、知の巨人といわれるのにふさわしい方です。

私は学生時代から、ずっと先生の本を読んでいたのですが、その渡部先生のご自宅兼書斎にお邪魔しました。図書館のような書斎には、15万冊の貴重な本が収蔵されているのですが、80歳を過ぎても、なお知的な生き方を実践しておられました。

その生き方にふれて感動したのですが、そのときにいただいたキーワードが、さらなる感動を私に与えてくれました。

「どういう生き方をしたら、人は幸せになれるでしょうか？」

という質問をしたところ、渡部先生は、

「背骨がビリビリするぐらいワクワクして生きてください」

と言われたのです。

「ワクワクする」というのはなんとなくわかっていたことでしたが、「背中がビリビリするぐらい」という言葉に、それこそ、背中を押さえたくなるほど、私はビリビリしびれてしまいました。

「よーし、そうやって生きるぞ」と力が入ったところで、

「先生は、本をお書きになるとき、どのような気分で書かれているんですか？　大ベストセラーを出すぞ、という感じなんですか？」

と聞くと、

「そうですね。私は本を、散歩をするように書いています」

と言われて、またガクッと力が抜けたのです。

背骨がビリビリしながら、散歩するって、どういうこと……？

とても戸惑ったのを覚えています。それがメンターから学ぶ「あり方」というものです。

本をベストセラーにしてやるぞ！　と野心剝き出しな人は、たぶん、ものすごいハイテンションで書いているはずです。でも、40年にわたって、ずっとベストセラーを連発して、トータルで何千万部も売る先生には、まったく力が入っていないのです。力が入っていたら、何十年も続けられなかったでしょう。

専門の研究に没頭する傍ら、気分転換の散歩のように、本を書く。このグリップの軽さに感動しました。それ以来、自分も、すべてのことを散歩のようにやるように、心がけてきました。すると、前よりも、あらゆることが楽しめるようになりました。

何千人の前で講演することも、海外で英語でセミナーをすることも、外国の大使たちと談笑するときも、以前であれば、すごく緊張しました。でも、すべてを散歩だと思うようになったら、失敗するというイメージが自分のなかからなくなったのです。

肩に力が入っている、という言葉がありますが、それでは、本来の力は発揮できません。だから、力は抜けている、けれども気は充実している。この状態が、背骨がビリビリするぐらい情熱的になりながら、散歩するように生きる、ということだと思います。

あなたにとって、とても気軽に楽しめることは何でしょう。

きっと、そのあたりにヒントがあると思います。

第9章

あなたがメンターに与えられること

優秀な弟子は、メンターを成長させる

私が、いろんな分野の先生に教わっていた20歳の頃の秘かな野心は、自分が弟子入りすることで、彼らを成長させることでした。いまにして思えば、すごく僭《せん》越《えつ》なことでしたが、若気の至りで、いろいろな人に挑戦していきました。

メンターの立場で考えたときに、どれだけ成功していても、どこかでマンネリになっているところがあるのではないかと考えたわけです。

そのマンネリを、若者のフレッシュな考え方や情熱にふれることによって、いま一度、料理の道にコミットしてみよう。政治の道に、教育の道に、アートの世界に違う情熱を持って生きてみようと思ってもらう。それぐらいエネルギーのある弟子になろうと思ったのです。

そんな弟子になるには、何をすればいいか。それには、「いい質問をするしかない」と考えました。メンターとのやりとりで、様子が全然違うことに気づいたからです。たとえば、ある質問をすると、メンターはすごくワクワクして、元気になりました。別の質問には、聞こえなかったのかと思うほど、まったく響かないことがありました。「質問する」という行為は、エネルギーボールを相手にぶつけるようなものだということに気がついたのです。

質の高い、いい質問をすると、メンターが活性化するのがよくわかります。メンターの心のど真ん中にボールが当たると、「それはね」と目を輝かせながら、一つの質問から2時間も話をしてくれたことがありました。

この質問をしたらはずす、この質問をしたらエネルギーアップする、というふうに、メンターを練習台にして、質問の練習をさせてもらったようなものです。

それが、いまのライフワークでもとても役立っているわけですが、「メンターを成長させる弟子になること」を目標にしたことが、私がかわいがられた理由ではないかと思っています。

意見することをためらってはいけない

忙しいメンターの時間を取ったら悪いと感じる人もいると思います。

でも、あなたにいろんなことを教えるために時間を取ろうと約束してくれていたとしたら、遠慮してはいけません。忙しい毎日を送っているでしょうが、あなたと会うことをとても楽しみにしているかもしれないからです。信じられないかもしれませんが、利害関係抜きに時間を過ごせる相手は、貴重だったりします。あなたと過ごす時間が、学びになったり、楽しみになったりしていると考えてみてください。そして、そんな弟子になることを目指してください。

私は、メンターを成長させる弟子になろうと決めましたが、相手がどこで止まっているのかを見ていました。

・この人の人生はどこで成長が止まっているのか
・もっとビッグになれるとしたら、それはどういう分野なのか
・この人のセルフイメージが低いのは、どこか

不遜《ふそん》ながら、「もっと成長できますよ」という上から目線で意見したこともあります。ある先生に対しては、「こういうことをやったら、ライフワークの幅が広がって、いろんな年代層にリーチできるんじゃないですか。まだまだいけますよ」と言ったことがありました。もちろん叱られることは、覚悟の上です。

その先生は、そんな私をかわいがってくれましたが、それは、こちらが真剣であることが伝わったからだと思います。また、自分よりも40歳も年下の人間からも意見を聞くだけの大きな器の持ち主だったことも幸いしました。

メンターとは師弟関係だけでなく友情も芽生えるものですが、自分が言ったことで、師匠も「よーし」と奮起して、一緒に成長する。それがメンターのワクワクにつながります。ですから、メンターをワクワクさせるのは、一つのノルマだと私は自分に課していました。

喜怒哀楽すべてが連動されてこそ最高の関係

メンターには、人生の教えを請うわけですが、ここで誤解をする人がいます。その人を神様のように思ったりすると、せっかくの学びが生きません。

私も、メンターを最初、尊敬する先生のように扱っていました。しかし、それをやめるように何度も言われました。

「私は、少し年のいっただけの君の兄弟だ」

最初は冗談だと思っていましたが、いまは、その発言の意図がよくわかります。

師弟の関係では、人間としての対等性を崩さないことは、とても大切です。

だからといって、尊敬の念をなくしたり、ぞんざいにしているわけではありません。

この感覚は、伝統的な師弟関係や先輩後輩のつながりに影響を受けた日本の人にはわかりにくいかもしれません。経済的、社会的に成功したり、人生の知恵をたくさん持っていても、しょせん同じ人間で、価値も一緒だということを忘れないでもらいたいと思います。

ところで、メンターに意見することも辞さなかった私は、時には、その人が聞きたくないようなこともずけずけと言っていました。

核心をついたことを指摘したときは、「おまえ、そんな失礼なことを言うんじゃないよ」と怒り出したこともありました。けれども、「怒った」のは、その人のいちばん気にしていたところにふれたからです。たいした覚悟もなく、なんとなく言ってしまったとしたら、本当に絶縁されていたかもしれません。

ミスして叱られるのはあまり楽しくありませんが、自分の限界点に気がついてメンターが怒ったとしたら、それはガッツポーズ。私にとっての大金星だったのです。

怒らせるだけでなく、一緒に泣いたり、時にはボケとツッコミのようなときもあり、メンターの奥さまには、「あなたといると主人が楽しそうだ」と言われたこともありました。

そうやって、喜怒哀楽を共にして、いろんな思い出をつくりました。

亡くなったメンターのことを思い出すと、彼らが天国で応援してくれている感じがします。メンターと自分しか知らないこと、思い出はこれからもずっと宝物だと思います。

教えがいのある弟子になる

幸せに成功した人は、社会に還元することを心がけます。お金や施設を寄付するというのもその一例でしょう。しかし、彼らが考える、社会へのいちばんの贈り物は、優秀な人材です。

人を豊かに幸せにする人材は、社会への素晴らしい貢献になり得ます。そこで、彼らは、お金や労力をかけて、有用な人材を育てようと心がけるのです。

私は彼らのそういう思いを強く感じていたので、どのようにすれば彼らの期待に応えられるのか、毎日真剣に考えていました。私を見込んでくれた人たちに応える意味でも、人の何倍も努力しようと誓ったものです。

弟子になるなら、教えがいのある弟子になることを目標にしましょう。

どんな弟子かといえば、たとえばのみ込みの早い弟子が、必ずしも教えたい弟子ではないと思います。失敗しても、失敗しても、また立ち向かってくる弟子が、教えがいがある弟子です。いくらへこんでも、必ず復活してくる弟子というのは、健気《けなげ》で、思わず応援したくなります。よく「できの悪い子ほどかわいい」ということがいわれますが、それは、師弟の関係でも、案外当てはまるかもしれません。

逆に、教えがいのない弟子は、なにか言ったら、すぐシュンとなる弟子です。また、何を教えても、自分から学ぼうとしない人もダメです。弟子志願をするような人に、そんな人はいないと思うかもしれませんが、弟子になるだけで満足してしまうと、自分から学ぶことがなくなります。

自分が教わったことを、何倍も人に伝えるぞ、という気持ちで学ぶ人にも、メンターは目をかけてくれます。誰かに教えたり、自分が成長したあとに誰かを教えるという前提で学ぶ弟子は、やはり教えがいがあるんじゃないかと思います。

一緒にいて、気持ちよくさせてくれる弟子、頭の整理をしてくれる弟子は、やはり教えがいのある弟子といえるでしょう。

第10章

あなたの才能が花開くとき

「自分の才能の原型」を知る

自分の才能というのは、なかなか自分では発見できないものです。

たとえば、親に認めてもらったり、学校の先生に認めてもらったりすると、その才能というのは開花しやすくなります。

才能というのは面白いもので、「君には才能があるね」と言われると、その才能が開いてしまったりします。

スポーツ界や棋士の世界、音楽の世界で素晴らしい師匠は、弟子の才能を認めて、それを伸ばすことで大きな役割を果たしますが、いちばんの役割は、その人に才能があるということを発見することです。

弟子のほうも、有名な師匠に才能を見つけてもらったら、

「ああ、そんなに自分は才能があるのかなぁ。こんなすごい人が言うんだから、よくわからないけど、自分にも何かあるにちがいない」と思えるようになり、それが自己暗示になっていきます。

たとえ、それが何かの勘違いだったとしても、「あの先生は、才能があると言ってくれた」と思うと、だんだん才能が出てくるから不思議です。

それだけ、メンターに才能を認めてもらうというのは、とても大事なことなのです。

才能にはいろいろなものがあって、私は、それぞれを「才能の原型」と呼んでいます。

□ものをつくる才能
□人に教える才能
□料理をつくる才能
□歌う才能

□人前で話す才能
□新しいものを考える才能
□何かをまとめる才能
□売る才能

こう見ていくと、いろんな才能がありますが、「君には、こういう才能があるよ」と言ってもらうことは、あなたが成長していくうえでいちばんの宝ものになると、私は思います。

たとえば私は学生の頃、担任の先生から、「君は文章がうまいね」と言われたことがありました。

「最近気づいたことを、原稿用紙1枚でいいから、書いてみたら」と言われて、作文を書いて、先生に出したことがありました。

「本当に君はまとめるのが上手だね。普通はなかなか1枚にまとめられないんだよ」

と褒められて、天にも昇るような気持ちになったものです。思えば、あれが「才能の原型」の発見であり、作家としての原点だったかもしれません。

「自分の才能の原型」はどういうものなのか、自分なりに把握しておくことは大切です。

そして、それを開花させるために、メンターに認めてもらうとよいでしょう。

メンターが認めてくれても、自分ではなかなか実感がわかないということもあります。そういうときは、いまはピンとこないけど、ひょっとして才能なのかもなぁと、いったんは受けとめるといいでしょう。

「メンターの才能の原型」を見きわめる

自分の才能の原型を把握しておくのと同じくらい大切なのが、あなたのメンターの才能の原型を知っておくことです。

活躍しているメンターには、たくさんの才能があると思います。そのなかでも、いちばん強い才能は何でしょうか。

人に教える才能。

新しいものを革新的につくっていく才能。

AとBを組み合わせて新しいものを生み出す才能。

オリジナルなものをつくっていく才能。

ものを売る才能。

人を説得する才能。

すべての才能が素晴らしいと感じて、あなたは、その人から学びたいと思ったのかもしれませんが、そのなかでも一番といえるものは何かを考えてみるのです。

一つに絞るのが難しければ、ベスト5を挙げてみましょう。

それを見ることで、自分が、この人から何を学ぶのかということが、はっきりわかってくるはずです。

どんな人も、万能ということはありません。

ものを売るのが上手な人は、緻密《ちみつ》な作業が下手だったり、話すのが上手な人は、書くのが苦手だったりします。

ものを売るのが上手な人からは、ものの売り方を学ぶのです。

それをしないで、その人が苦手な書くことを学ぼうとしても、上達することはないでしょう。

メンターの才能がどこにあるのかということを見きわめておくこと。その人の不得手な部分から学べることは、あまりないということを知っておきましょう。

「どの才能を開発したいのか」を考える

新しい商品やサービスを生み出すことと、それを売るのは別の才能です。

新しいものを開発するのは得意でも、それを商売にするのは下手だというメンターがいたら、その人から商売について学んではいけないのです。その人から学ぶべきは、アイデアの着想方法だったり、時代の読み方だったり、ものを生み出していくプロセスでしょう。メンターの才能の原型がどこにあるのかを見たうえで、その人の才能の原型と、自分の才能の原型をテーブルに出してみて、「この人からは、どういう才能の原型を開発してもらうのか」ということを具体的に考えるのです。

メンターがいちばん得意とする分野を教えてもらうのが、それこそ、いちばんの早道です。たとえば、「ものを売る才能を開花させよう」と決めれば、それに特化して学ぶことができます。あるいは、その才能が自分にあるのかどうか、ということを判断してもらうことも可能でしょう。

どんなに、その分野で優秀な人についても、自分にその才能がまったくないこともあります。教えてもらううちに、その才能の原型ができるということもありますが、それよりも、もともと自分にある才能の原型を伸ばすほうが、効率はよいものです。

また、自分には「そんな才能はない」と思っていたことが、実はそうではなかったということもあります。

私が20代の頃、あるメンターから、「君は将来、本を書くといいよ」とすすめられたことがありました。当時は、「そんな才能は僕にはありませんよ。どちらかというと、話すほうが得意です」と笑ったものでしたが、いまになってみると、私の作家としての可能性を、その人は予見していたのかもしれません。

誰にも、自分でも思ってもみない才能の原型があるものです。あらゆる可能性を探りながら、自分の才能をどう開発していくかプランニングしていきましょう。

どうやって才能を開花させたのかを知る

弟子から見るメンターの才能は、それこそ、まぶしいほど輝いて見えるかもしれません。

「この人は、生まれたときから才能に恵まれて、それが花開いて、いまがあるんだ」

そんなふうに思うのではないでしょうか。

あたかもその才能は、若い頃から一気に開花したように感じるかもしれませんが、たいていの場合は、そうでないことが多いようです。

人生のどこかの時点で、一つの才能が開いて、そこから連鎖して複数の才能が開く、というのが、才能という花の開き方だと私は思います。

メンターの才能を見きわめるには、その人が、どこの時点で最初の開花を果たしたのか、ということを調べておきましょう。

たとえば、人前で話をしたところから、あるいは本を1冊書いて、それがブレイクするきっかけになったという人もいます。

心から尊敬できる人が、過去にどの才能を開発して、最初の糸口をつかんだのか。そして、どういう順番で才能を開花させていったのか。これは、自分が、どう才能を開発していくかということの参考になります。

その人とまったく同じ順番で、才能が花開くということはなくても、どの才能が次の才能に関連していくのか、そのイメージが湧くことが重要です。

才能が開くまでには、時間がかかるかもしれません。芽が出ない種に水をやっても、待ちぼうけをくうだけです。

時には、自分の才能の棚卸しをして、どの才能に力を入れて伸ばしていくのか、ということを確認してみましょう。そのときにも、メンターの存在は、あなたの人生の指針になる役割を果たしてくれるはずです。

第11章

「メンターの役に立てること」を考える

いまの自分にできる恩返しは何か

これまでメンターにどう教わるのかを中心に話してきましたが、この章では、「弟子としてできること」について考えてみましょう。

弟子は、ただ教えを請うだけではいけません。メンターの仕事のサポートをするというのも、弟子の大きな仕事のひとつです。

昔の商家には、「丁稚《でっち》制度」というものがありました。「丁稚」というのは、関西で使われた言葉で、関東では「小僧さん」と呼ばれたそうですが、10歳前後で商店に住み込んで、使い走りや雑役をするのが主な仕事です。松下幸之助や本田宗一郎も少年時代、丁稚として働いた経験がありました。

本田宗一郎は、丁稚になって半年は子守ばかりさせられたそうですが、丁稚の仕事にもランクがあり、年数がたつほどに、仕事もレベルアップしていったようです。

住み込みをしながら、商売について学び、その店の番頭になったり、暖簾《のれん》分けして店を出してもらったり、あるいは、違う分野で独立していく人もいました。これは、まさに「弟子入りして学ぶ」の実践といってもいいでしょう。

丁稚や小僧さんは、学ぶだけでは許されず、年齢に応じて、店のためにできることをしました。それが子守や使い走りだったわけです。商売のやり方を見せてもらいながら、同時にメンターの手助けをするという循環がありました。

あなたにも、何かできることがあるとしたら、それは、なんでしょうか。

「何もできない」

そう感じるかもしれません。そして、ほとんどの人が、最初は何もできません。

とりあえずは「スマイルゼロ円」で、メンターを盛り上げるところから行くしかないと私は思います。何を見ても、「すごいですね」「素晴らしいですね」を連発して（実際、心からそう思うことばかりなのですが）、尊敬する、感謝する――

これだけでも、相手のエネルギーをアップさせることができます。

次の段階では、もう少し実務的に、どういう仕事ができるのかを考えます。

たとえば、「準備をする」「作業場を整える」「掃除をする」、あるいは「段取りをしておく」「材料をつくっておく」「資料をつくっておく」など、メンターがその場に来たら、すぐに仕事に取りかかれるようにしておくのです。

住み込みでない場合でも、やれることはたくさんあります。その日にメンターが出会う人の情報をＡ４で１ページにまとめておいたり、その人の交友関係、趣味、喜びそうな話題を調べておくだけでも喜ばれます。

メンターが仕事をするとき、ノーストレスでやれるかどうか、理想の環境をつくれるかどうかは、弟子にとって、とても大事な仕事であり、いまの自分にできる、せめてもの恩返しです。

メンターに弟子入りするときに、最初に、自分がこの人に対して、どんなお手伝いができるのかということを徹底的に考えておきましょう。

見逃しているところを指摘できるか

メンターは日々忙しく過ごしている人がほとんどです。仕事においては完璧と思えるような人でも、人間ですから、本人が見逃しているところがあるわけです。

そういう「見逃しポイント」に気づいたら、

「こんな新しい商売をしたら、どうでしょうか」

「こんなお客さんへのアフターサービスはどうでしょうか？」

「こんなことはできませんか？」

ということを提言することも、メンターを手助けする一つのやり方です。あるいは、

「こういうことをやっておかないと、まずいんじゃないですか？」

と指摘することも、その一つです。

そんなことは失礼ではないかと思う人がいるかもしれませんが、大きな器の人なら、むしろ感謝して、それを聞いてくれます。

提言と指摘。これができるようになってくると、弟子としてはワンランク上がります。場合によっては、丁稚から番頭に格上げされるなんてこともあるかもしれません。

メンターと心のなかだけでも対等になると、あなたもレベルがアップします。間違っていても「自分の考え」を話すことは、きっとこれからの人生に役立つでしょう。

「人と人とをつなぐ」というサポート

メンターとつき合うなかで、人脈を広げさせてもらうということは多いのですが、メンターとメンターを引き合わせて、メンター同士をつなげるというのも、弟子ができることの一つです。これは比較的簡単で、かつ効果が高いことだと思います。

ある程度の年齢になり、社会的に成功すると、若い頃のように気軽に友人づき合いができなくなります。微妙な利害関係や社会的地位に関係するいろいろな思惑が絡んでくるからです。だいいち、忙しすぎて、新しい人と会うタイミングがなかったりします。

そんななかで、若者とのまったく利害関係を抜きにした時間は、メンターにとって、さわやかで楽しいものです。また、そこから広がるつき合いは楽しいものなのです。

あるメンターは私を介して、人脈を広げるということをしていました。同じ小学生の父母が仲良くなれるのと一緒で、親しくなりやすいのでしょう。メンター同士が、私をネタに盛り上がって、親交を深めていたようでした。

最初、利害関係を抜きに出会えるので、メンターにとっても、ありがたいようでした。私もそのあたりを心得るようになり、「こういう人がいますけど、会ってみませんか？」と言っては、面識のない大物同士を引き合わせるようにしていました。

ある分野の第一線で活躍しているような大物同士というのは、意外と知り合う機会がなかったりします。特に仕事だけを一生懸命やっている人というのは、仕事以外で新しい人たちとつながることが、案外ないものです。お互い有名で名前は知っているけど、会ったことがない、そういう人たちをつなぐのです。

「この人とこの人を会わせたら、どういうことが起きるんだろう？」

そう考えるのは、自分でもとてもワクワクすることですが、そんな二人で実際に、ビジネスをスタートさせたということもありました。この二人は相性がいいと私が思ったメンター同士が親しくしているのを見るのは、弟子として、誇らしい気持ちにもなりました。

大物同士が、仲良くなると、あっという間に意気投合し、新しいプロジェクトがスタートするのを目の当たりにして、とても勉強になりました。

現在、私の講演会やセミナーでは、そこで知り合って意気投合し、つき合ったり、なかには結婚したという人たちが何人もいます。パートナーを探している友人には、パートナー候補を紹介するというのは、私の密かな趣味といってもいいほどです。人を紹介するという技術を、思えば、あの頃から磨き始めたのかもしれません。

ところで、「この二人は絶対に合う」と思っても、そうはならないこともあります。思いがけず、まったく気が合わないということもあるのです。

メンターとメンターを引き合わせるときも、そうしたことが起こることがありました。メンターには親分気質の人も多く、相手に合わせるのが苦手な人もいます。紹介したのに、話が合わず、どちらも、だんだんと不機嫌になっていくのを見て、何度ヒヤヒヤしたかしれません。

パートナーを探していると言いながら、相手とつき合っていく努力をしようとしない人がたまにいますが、メンターとなるような人でも同様で、人とつき合っていく気持ちがない人の場合には、別のメンターを引き合わせるというのが難しいことも知っておきましょう。

第12章

ライフワークのワクワクを感じる

ライフワークと出会える幸せ

メンターから学べることの一つに、ライフワークの楽しさがあります。

お菓子をつくること、外科医としての仕事こそが自分のライフワークという人もいます。コンサルティング、家具をつくること、教育が一生の仕事だという人もいます。自分のライフワークから得られる楽しみ、喜びは、何ものにも代えがたいものです。

あなたは、自分のライフワークが何かわかっていますか?

残念なことに、それが何か、はっきり言えない人は少なくありません。

「これだ!」と頭の片隅で思いながら、それができないでいるのです。

あるいは、何がライフワークかわからないという人もいるでしょう。

メンターは、ライフワークを仕事にして、楽しんでいる人です。その楽しさを教えてもらうことが、メンターにつくことで得るいちばんの収穫といっても過言ではありません。

最初は、彼らのライフワークを、一緒に経験していくことでもいいでしょう。それが自分のライフワークになることもあります。または、それをすることで、自分が大好きなこと、それをしていてワクワクすることが見つかるかもしれません。

私たちは子どもの頃から、好きなことを増やすより、どちらかというと、嫌いなことをなくすように教育されてきました。

食べたくないピーマン、にんじん、コーンなどを、頑張って食べるようにと、お母さんから叱られたことがあるのではないでしょうか。人によっては、それが、「魚」「肉」のこともあるし、「みんなと仲良くする」ということもあるかもしれません。

幸せのためには、嫌いなことはせず、好きなことをやるといいでしょう。

大好きなことに没頭して生きることほど幸せなことはありません。その楽しさと、軽いノリをメンターたちから学んでください。

人生の達人たちから「楽しみ方」を知る

メンターが自分のライフワークにどう関わっているのかも観察してみましょう。

人によっては、ぼやきながら、それを楽しんでいる人がいます。

あるとき、テレビの特集番組で、世界的に有名なアニメーションの大家、宮崎駿さんが、「面倒くさい、面倒くさい」と言いながら、アニメを描きこんでいるシーンを見ました。同じ番組で、その面倒なことが人生には大事なのだと語っていました。

つまり、面倒だと言いながらも、それを楽しんでいるわけです。

傍《はた》から見れば、仕事ばかりしている人は、無理をしているように思えても、本人にしてみれば、寝るあいだも惜しいくらい、それに没頭しているということもあるのです。

もちろん、もっとわかりやすく、「これは最高だ、これは最高だ」といって、自分を守り立ててライフワークに向き合う人もいます。

人によって、ライフワークのポジティブな楽しみ方、ネガティブな楽しみ方があるのだということを、達人たちとおつき合いするうちに知りました。

なかには、ずっと文句を言いながら、仕事に没頭する人がいて、びっくりしたことがありますが、その人なりの、自分を盛り上げる方法だったのかもしれません。それをやらずにはいられなくなる、途中でやめたくなくなるほどに、そのことにハマることが、ライフワークの喜びなのでしょう。

楽しむということを、エンジョイすることだと考えるのは間違いです。ライフワークの楽しみというのは、ただ楽しいというような、そんな単純なものではありません。

一流の作家には、その作品を完成させるまでには、心のなかで七転八倒するような苦しみと戦いながら描いていくという人がいます。一流であればあるほど、自分の基準にまで到達できずに悩むのでしょう。でも、だからこそ楽しいともいえます。私もそういう人を見習って、「もうこれで完成した」と思ってからもう3回、原稿を見直すようにしています。

メンターたちが、そのライフワークに苦しみながら、それをどう楽しみに変えているのかを見てください。

「なぜ、その仕事をしているのか」を感じる

どの業界でも、抜きん出た人というのは、自分のやっている仕事を「単なる仕事」として見ていないところがあります。料理人ならば、最初の入り口はレストランでアルバイトをしたことだったかもしれません。それで料理の面白さ、人に食を提供する喜びに目覚め、真剣に取り組みます。それが仕事になり、ライフワークとなって、最後には、人生哲学に行きついたりします。

これはどんなメンターにも通じるもので、そのライフワークが教育であったり、ビジネスコンサルティングであったり、クリーニングであったりということがあっても、それぞれが自分の人生哲学を持つようになるわけです。

「人はなぜ、仕事をしているのか」という質問に対して、「家庭を幸せにするため

です」と答える人もいれば、「お客様を笑顔にするため」「人を癒やすため」と答える人もいます。将来的には、「自分がやっていることは世界平和につながっている」という人もいるでしょう。ライフワークは、究極的には、そういう深いところに結びついています。そして、その深さを持っている人ほど、成功します。

料理をつくる。お菓子をつくる。学校で教鞭を執っている。老人の介護をする。保険のセールスをする。お客さんの相談にのる。マッサージをしてあげる。一見すると、それは一つの作業としてしか映りませんが、その奥には、その人の生き方そのものであるというものがあるのです。

そうした奥深さは、メンターが言葉で表すことはしなくても、感性で受け取れるものです。日常的に接しているなかで、初めてわかるのでしょう。

私が若い頃、どんなメンターについても、しばらくすると、なんでも人生と結びつけられて面倒くさいなぁと思ったことが何度もありました。いま考えると、どの分野でも同じような境地に行きつくのでしょうね。

ライフワークを生きるとは

渡部昇一先生から、「背骨がしびれるくらいの生き方をしなさい」と教えられたお話をしましたが、ライフワークを生きるというのは、まさにそういう背中がビリビリするほど、ワクワクして、その仕事にのめり込めるということだといえます。

子どもにケーキを出すと、「これ、食べていいの⁉」と歓声を上げられることがあります。それと同じように、ある仕事を差し出すと、「こんな楽しいプロジェクト、やっていいんですか⁉」と言いたくなるような気分になること。それこそがライフワークです。

「こんな映画を撮っていいんだ」「こんな料理をつくっていいんだ」「こんなに大勢の前で話していいんだ」。メンターは、すべての活動にそんな感覚で取り組んでいます。

私のメンターの一人は、仕事の依頼が来るたびに、「ありがたいねぇ」としみじみ語っていました。その後、彼がワクワクしながら、そのプロジェクトに取りかかっていったのは、言うまでもありません。その姿が格好良くて、まぶしかったのを覚えています。

そういう「仕事ぶり」を見ながら、自分もいつか、同じように、そういう仕事をしてみたいと思うようになるのではないでしょうか。将来どころか、できたらいますぐにでも、自分でやってみたいという気持ちになるかもしれません。

私のセミナーでは、将来何百人もの前で話す夢を持っている人に対して、休憩時間などに、講師の演台に立って、会場を眺めてみることをすすめています。セミナー中に、参加者のみなさんに協力していただいて、実際に講師の役になりきって、数分ですが好きなテーマで話をしてもらいます。すると、その前と後では、その人の顔つきが変わってしまうのです。「自分も、いつかきっと本当に、ここに立ってみせる」という熱い気がムクムクと立ち上ってくるかのようです。

「僕も1000人の前で話してみたい」

「ベストセラーの本を書いてみたい」

「ミシュランの星をもらうレストランを経営してみたい」

「大きな会社の社長にアドバイスをしてみたい」

「教育システムを変えたい」

「画期的な診察方法を開発したい」

メンターには、弟子に本気でそう思わせる役割があると私は思っています。

その意味で、自分のメンターがやっている仕事を見て、自分がどう感じるのか、ということは大切です。

自分もいずれやってみたい、とワクワクできるかどうか。

そのために学べることは数え切れないほどありますが、将来の自分の姿をイメージすることで、どんなに面倒でも、それらをマスターしていくモチベーションになります。そのつらく厳しい道すら、楽しんでスキップしながら進む感性が、「ワクワクしながら学ぶ」というスタイルだといえるでしょう。

第13章

一流の知識を身につけるには？

自分の知識との差を測る

メンターと呼べる人には専門家としての膨大な知識がありますが、その幅や深さを測ることで、よりその人の素晴らしさを知ることがあります。

たとえば、料理に関していえば、和食の料理人のメンターに、フレンチやイタリアンの知識はあるのか聞いてみると、意外にもイタリアンのオリーブオイルの使い分けや、フレンチの聞いたことがない香辛料のことまで知っていて、びっくりしたりします。

それだけでなく、イタリアンを好むお客さんの嗜好《しこう》、インテリア・デザイン、どういう店が流行る、流行らないかというコンサルタントの知識、お客さんがどういうときに高いワインを頼むかという販売心理学の知識などなど、和食が専門であるにもかかわらず、イタリアンの店を開いても成功するんじゃないかと思えるほどの知識を持っていたりします。

メンターが持っている知識を測って、自分の知識と比べてみましょう。その差を見るだけで、自分が何を学ばなければならないかがわかります。

たとえば、オーナーシェフとしてレストラン経営をするためには、料理の知識があるのは当然のことですが、それぞれの素材の特性、料理のしかた、組み合わせ、そしてサービングまでが料理のことに含まれます。

料理店を経営するには、料理人の雇用、チーム・ビルディング、お店のインテリア、スタッフの教育、マーケティング、広告宣伝をどうするかまで考えなければなりません。

そして、実際に来たお客さんに、店のファンになってもらって、また来店を促すにはどうすればいいかというところまで気を配らなければならないわけです。

起業しても、3年後に残る会社は、そのうちの3割だといわれています。職人としては素晴らしい腕を持っていても、経営者として優れているかというのは別の話だからです。

自分が目指す場所に立ったとき、そこで必要な知識は何か。どれを先に身につけなければいけないのか、ということを、メンターの知識をヒントに測っておくことです。

ただし、メンターたちは、勉強するべき課題だと思って、学んだわけではありません。好奇心があって、気になって調べていくうちに、いまの知識量になったのです。

専門家のネットワークを知る

専門知識を持っている人たちは、独自の専門家のネットワークを持っています。たとえば医師の場合、外科の先生は内科の先生も知っています。心療内科や耳鼻咽喉科の先生とも親交があるでしょう。

また、同じ外科だとしても、たとえば整形外科では、肘《ひじ》の関節、膝の関節、腰の関節、首の関節、それぞれ得意とする先生は変わってきます。

患者さんの病状に合わせて、そうした医師を紹介することができるというのが、その医師の力になります。

専門家の素晴らしいところは、自分の知識だけでなんとかしないようにすることです。

面白いことに、知識が少ない人ほど、自分の知識だけでなんとかしようとする傾向があります。新入社員が自分の力をアピールしようとして、上司の指導も受けずに事を進めて、思わぬトラブルを引き起こすということはよくあることです。専門家は、自分の知識に自信があります。また、自分の知識が及ぶ範囲、及ばない範囲も把握しています。だから、「これは誰に聞けばいいか」ということがわかるのです。

その分野における専門家は誰なのか。この知識を持つことが、専門家に幅を持たせます。

弁護士の場合でいえば、離婚の分野はこの人、知的財産はこの人、というふうに分かれます。コンサルティングの分野だったら、流通業はこの人、官公庁はこの人、製造業はこの人、海外の提携ならこの人という具合です。

会社員の人でも、○○課の誰に聞けば、経理処理のことはわかる。プレゼン資料なら、この人に頼めばいいなど、電話一本で連絡できる人が多い人ほど、出世していきます。

あなたのメンターにも、独自の専門家のネットワークがあるはず。その人脈をどう生かしているのかを見てみましょう。彼らにどう仕事を依頼して、お礼をするのか。彼らとどうつき合っているのかを見ることで、将来自分がどんな人脈をつくればいいのかが見えてきます。

どうして、その知識を高められたのか

いま一流の人たちも、急に一流になったわけではありません。

その職業に必要な知識は、必要最低限を学校で学び、あとは職場で学んだというのが、たいていの人のオーソドックスなパターンでしょう。

就職して新入社員のうちには、与えられた仕事をこなすだけで精一杯でしょう。人によっては、「信じられない！」というくらいの仕事を渡されることもあるかもしれません。その仕事を続けるかどうかはともかく、そうして学んだことが、いま活躍している人たちの基礎になっている可能性は高いです。

そこで、その信じられないほどの仕事量をこなしていくことで、経験として知識を学んだ人もいるかもしれません。なにか学会などの団体に所属したことで知識を得たかもしれません。個人的に誰かに弟子入りしたという人もいるでしょう。

ライターという職業がありますが、これは、雑誌の記事を執筆したり、書籍の原稿をまとめたりする仕事です。こういう人たちは、どのように文章の勉強をしていったのでしょうか。

たとえば、学校を出て、出版社や編集プロダクションに入って、仕事をこなすうちに、その力をつけていくということがあるそうです。

仕事で一流の作家やライターと接する機会もあります。そういう人たちから、直接、文章の書き方というものを学ぶことはないようですが、やはり一流に接していれば、一流に近づくということがあるのかもしれません。そこから、本格的にプロのライターになって、実際に、そこで高い評価を受けている人は数えきれません。

メンターには、独自の勉強方法があります。ある人は、運転手付きの車の移動中に、英会話のテープをずっとかけていたし、有力者に直接電話をかけて、裏を取ったりしていました。

大学の研究者なら、定期的に学会に出席したり、教授同士で私的な勉強会を開催して、専門知識が古くならないようにしていると思います。

コンサルタントは、絶えず、経営の現場に出ること、トップの経営者と語り合うこと、ビジネスの最先端の雑誌や論文を読むことで、最新の知識を得ています。

カウンセラーやヒーラーも、世界から訪れる一流のセラピストから、新しいヒーリングの手法を習ったり、DVDを見て、研究したりしているはずです。

あなたが、メンターの家に泊まることがあるなら、彼らが深夜遅くに海外の研究者とスカイプで議論したりしているのに、気づくかもしれません。また、本が家中に置いてあって、ほぼ毎日一冊のペースで読破している様子を見られるかもしれません。

新しいことに興味を持つ好奇心、勉強熱心、研究熱心な姿勢にふれることで、一生成長しつづける喜びをごく身近に感じられるようになるでしょう。

そういう姿に触れると、自然と自分ももっと学びたいと感じると思います。

それぞれの立場の考え方をたくさん吸収する

メンターには必ず、専門分野に関して、独特のものの見方、考え方があります。たとえば優秀な外科医であれば、「それは切るべきか、切るべきじゃないか」というのは、外科医としての視点だけでなく、内科的な側面からも見て判断するはずです。

コンサルタント、政治家、教育者、ヒーラー、カウンセラー、ビジネスマン、職人それぞれの立場で見えるものは違います。特に一流の人ほど、普通の人とは違う視点で物事を見ています。

私が若い頃、一日のあいだに、3人ぐらいのメンターのオフィスをはしごすることがありました。その前の日に起きた事件に関して、午前中会う人と、お昼に会う人、夜に会う人が全然違うコメントをするので、驚いたことがあります。

たとえば、テロ事件が発生したとして、国際政治学者は、「冷戦が終わって、新しいパラダイムが、このテロを生んでいる」と言えば、政治家は、「日本は、平和憲法を持っている国家として、いまこそリーダーシップを取らなくてはいけない」といったことを熱く語ります。

ビジネスマンであれば、「これから海外の貿易の保険が上がるなぁ。痛い……」ということを言うでしょうし、スピリチュアルな人は、「テロを仕掛けた人と犠牲になった人は、過去世で縁があって……」という感じのことを言うでしょう。

いったいどれを聞けばいいのかなぁと戸惑ったこともありましたが、それぞれに対して判断せずに、いろんなものの見方をそのまま吸収するように心がけました。

何かを見るときに、いまでも必ず複数の人の視点から見るようにしています。なぜなら、その人の立場によって、見えるものがまったく違うからです。

メンターの仕事を見ていて、「どうして、そんなふうにするのだろう」と思うようなことがあるかもしれません。そんなときは、恥を忍んで聞いてみましょう。ひょっとしたら、いいところに気がついたといって、上機嫌でいろいろ教えてくれるかもしれません。

メンターはひとりに限らず、できるだけ多分野にわたる人たちから学ぶといいでしょう。彼らの教えはそれぞれ矛盾すると思いますが、そういう違いを学ぶのもいいことです。

第14章

人づき合いのセンスを教えてもらう

幸せな成功者の人間関係を観察する

幸せな成功者の多くが、人間関係の達人です。別の見方をすると、どんな人とも良好な人間関係を持っているので、彼らは幸せで、豊かな生活を実現できたともいえます。

幸せな成功者は、仲のいい友人、家族や楽しく仕事する仲間や感謝してくれるお客さんに囲まれています。そのために、彼らはより新しいチャンスも引き寄せます。彼らがどのようにして、信頼で結ばれた人間関係をつくり上げてきたのかを知り、そのコツを身につけることができれば、あなたも幸せで豊かな人生を送ることができるでしょう。

人とのつき合い方には、男女関係や家族との関係も含まれます。

会社を辞める理由の一番が、人間関係なのを見ても、その大切さがわかります。お金でも、やりがいでもなく、人間関係なのです。人と上手につき合えれば、ほかの何がなくても、幸せに生きられるのが人間なのです。

世界中の富を得ても一人ぼっちなのと、なにも所有していなくても、最高のパートナーや友人と一緒にいる人と、どちらが幸せでしょう？

幸せなお金持ちの子どもは、人づき合いのセンスについて、小さい頃から教わっています。人と会うとき、よその家におじゃまするとき、ご馳走になったときどうするのか、そういうことを小さい頃からたたき込まれているのです。

いわゆる処世術ですが、これは長い期間たてばたつほど威力を発揮します。数十年前に助けてあげた人から、窮地を救われた実業家を私は何人も知っています。

本人は、覚えてもいないようなちょっとした親切が、その人にとっては、生涯忘れられないような体験だったりするわけです。

幸せに成功している人は、テクニックでこういうことをやっているのではありません。人を大切にしたり、信頼関係を大事にする生き方のほうが、より楽しいし、ストレスがないと思っているからそうするだけです。マニュアルを見て、そうするのが有利だからやっている人とはまったく違います。

よほどの人嫌いでなければ、どんなメンターにも、何らかの人間関係があります。それがどういうものか。たとえば同業者とは、どうつき合っているのか、取引先とどうつき合っているのか、お客さんとどうつき合っているのか、家族とはどうつき合っているのか、友人とはどうつき合っているのか。あるいは誰ともつき合わず、孤高であることを選択している人もいるでしょう。

「お客さんとあんまり馴れ馴れしくすると、境界線が持てなくなるよ」と、アドバイスされるかもしれませんが、それが人生の正解ではありません。「自分はどうしたいのか」を考えてみましょう。自分はその人よりも、もっと友達づき合いを大事にしたい、もっといい関係を取引先の人と築きたい、あるいは、もっといい関係をお客さんと持ちたい、と思うのか。あるいは、自分も孤高の道を選ぶのか。どちらが正しくて、どちらが間違っているという話ではありません。メンターの生き方を一つのサンプルとして見て、自分のスタイルを決めましょう。

お客さんとのやりとりを見る

ビジネスをするときに、「お客さん」に対してどう考えるかで、扱う商品やサービスの質が変わってきます。お客さんのことばかりを考えてしまうと、採算がとれず、売れば売るほど赤字になるということもあります。逆に、自分たちの利益ばかりを考えてしまうと、今度はお客さんのほうが離れて、売上げが立たないということもあるでしょう。

そのビジネスによって、お客さんは個人であったり、法人であったりすると思います。あなたのメンターが、自分の商品やサービスの売り先である「お客さん」と、どうつき合うのかをよく見ておきましょう。

ある芸能人が、先輩の大物芸能人から、次のように言われて、感動したという話を聞いたことがあります。

「僕たちは、誰かを幸せな気持ちにしてなんぼのショービジネスの世界にいるんだから、道端で声をかけられても、にこやかに完璧な対応をしなければいけないんだよ」

芸能人のように、いつも人に見られている仕事は大変です。役者や芸人であれば、舞台の上と、プライベートでいるときは違うと言いたくもなるでしょう。

でも、ショービジネスの世界にいる自分を意識すれば、プライベートなんてないんだ、というのが、その大物芸能人の考え方なのでしょう。そのサービス精神があるから、何十年も人気が落ちることなく、その世界でやってこられたのだと思います。

移動中に、お客さんに囲まれたときに、彼らを「面倒なファン」と見るか、「僕たちの、さっきのお昼ごはんは、この人たちが出してくれたのかもしれない」と考えるかで、その対応は違ってくるでしょう。

後者であれば、「ありがとうございます、いつも応援してくださって」という感覚が自然に持てるようになると、その大物芸能人は後輩に言ったそうです。

お客さんを丁寧に扱う延長線上と、失礼に扱う延長線上では、未来は違ってきます。

メンターがお客さんと向き合う姿勢をごく身近で見られるのはとてもラッキーなことです。彼らの気遣い、感謝を自分も感じることができれば、それは一生の財産になります。

お客さんをどう喜ばせるのか。それをメンターの日常から学んでください。

仕事関係者とのつき合い方を見る

お客さんの前では、にこやかにしていた人が、下請けの業者には横柄な態度をとるというようなことはよくあることです。そんな場面に遭遇してしまうと、その人の本性を見せられたようで、がっかりしてしまうかもしれません。

メンターのお客さんとのつき合い方を見るのと同様に、仕事関係者とのつき合い方も見ておきましょう。

たとえば、仕事関係者に対して、どんな支払いを行なっているか。自分のほうの得は小さくなっても、相手の利益を考えた支払いをしているか、あるいは、相手を叩いてでも、自分の利益を優先させるか。それだけでも、その人の行く末が見えてしまいそうです。

どれだけ優秀な社長でも、社長一人の力だけで会社が伸びていくわけではありません。

まわりの人たちが、全力で支えてくれて、初めて最高の商品やサービスが提供できるわけです。支えてもらわなければならない人たちを大事にしなければ、伸びるものも伸びていかない、というのは誰にでもわかることでしょう。

仕事関係者の視点になってみると、どんなに高い報酬でも、「この人からの仕事は引き受けたくない」ということもあれば、報酬は安くても、「この人からの仕事はなんとかしてやらせてもらいたい」ということもあります。

その差は何かを、メンターのやりとりのなかに見出しましょう。

仕事関係者とどうつき合うかが、その人の未来を決めるといっても過言ではありません。

私のメンターが、あるとき、下請けの人の請求書を書き直させて、余分に代金を払うのを見たことがあります。その現場にいましたが、相手の社長さんは、涙目になっていました。それは、上乗せされた金額に対してではなく、自分の仕事を認めてもらえて、大事にされたことの喜びではないかと思います。その様子を見て、私も心が震えました。こういう大きな人物になりたいと、本気で思ったことを覚えています。

取引先との関係が良くなれば、それは後々効いてきます。いい関係を持っていれば、どうしても納期が間に合いそうにないときに、無理を聞いてくれたり、新しいお客さんを紹介してくれたりするのです。

大切な人脈を引き継いでいく

前にお話ししましたが、重要人物経由で紹介された人には時間を取ろうとするのが成功者です。その人につながる人脈のいちばんトップから紹介してもらうと、話がとても早く、ふだんよりも丁寧に接してもらえます。

どんな成功者にも、恩人と思う人はいます。その恩人が紹介する人なら会ってみようかなと思うものです。この方法で、私はいろいろな人に会うことができました。

それは、メンターから引き継いだ人脈ともいえます。

もちろん、それは、お客さんを自分のものにしてしまう、というようなことではありません。お寿司屋さんやお蕎麦屋さんで「暖簾《のれん》分け」ということがされますが、メンターから人脈を引き継ぐというのは、ある意味において、それに近いかもしれません。

もちろん、最初のうちは、そんな力はなく、サポートしてもらうばかりですが、でも、将来、メンターとなってくれた人を自分の人脈で助けたいぐらいの気概は持ってもらいたいものです。

メンターの人脈を奪っていくのではなく、その人から引き継いだ人脈を培っていく。その人脈のメンテナンスを自分がしていくんだという気持ちで、おつき合いするのがいいと思います。

忙しいメンターに代わって、彼らの人脈である人たちをサポートしていくことができたら、弟子としても喜ばれます。彼らにお礼状を出したり、喜ばれるような情報を届けたり、有力者を紹介したりすることを続ければ、次第に、その人脈は、あなたの人脈になっていきます。

それが、惜しげもなく大切な人脈を紹介してくれた師への恩返しであり、師弟の関係が壊れない人脈の引き継ぎ方ではないかと思うのです。

第15章

夢実現の方法を身につける

メンターの夢実現タイプを見きわめる

夢実現に関しては、大きく分けて二つのタイプがあります。目標を立てて着実に達成していく「目標達成型」と、場当たり的に行動しながらも結果を出す「展開型」です。

私が20代のときにお会いしたビジネスのメンター候補の一人は、明らかに目標達成型でした。

いつも分厚い手帳を持ち歩き、事あるごとに、その手帳に目標を書き込み、それが達成されると、その目標を力強く二重線で消していました。

そんなメンターを見て、「やっぱり成功者になる人は違うなぁ」と思い、自分も、分厚い手帳を買ってみました。

その人は、目標は紙に書くことが大事なんだということを教えてくれました。アイデアや目標というのは、宙に浮いているものだから、それを紙に書き留めることで現実に引き下ろすことができるというのです。

だから、「ノートとペンはいつも持ち歩くように」と言われました。

分厚い手帳を持ち歩くことで、メンターはそれを実践していたわけですが、それだけにとどまらず、お風呂に入っているときでさえも、浴室でも書けるペンとメモを用意していました。

これは素晴らしい方法だと思って、自分でも実践してみたのですが、これがなかなかうまくいかないのです。

目標を設定するというのが、まず気が重かったのと、それができなかった場合は、イヤだなと落ち込んで、手帳を見るのもイヤになりました。

あるとき、別のメンター候補の人のところに行って、おそるおそる「目標は設定したほうがいいですか？」と質問したら、「目標を設定するやつはバカだ」と言うのです。

アーティストであるその人は、

「目標を設定したら、それで人生は固定化してしまう。目標というものは、紙になんか書かず、心の感じるままにやりたいことをやっていくと、次の扉が開くものだ」

と教えてくれました。

目標設定ができなかった私は、それを聞いた瞬間、「僕はこっちだ!」と心のなかでガッツポーズをとりました。彼の言葉を聞いて、涙が出るほど嬉しかったのを覚えています。

目標をノートに書くタイプが「目標達成型」、心の感じるままにノリで行動していくのが「展開型」と後に名付けたのですが、私は後者だったようです。

もともと展開型だった私は、目標達成型のやり方にはついていけないところがありましたが、これはどちらがいい悪いではなく、性格と性分の問題です。

私は、目標設定を大まかにして、その途中は、自分が面白いと思うことを優先して展開していく、ということをしていますが、それぞれのやり方があっていいと思います。

あなたのメンターがどういうタイプなのか――目標達成型か、あるいは展開型か、それを知っておくことは大切です。

なぜなら人は、たとえメンターであっても、自分のいる場所からしか話せないからです。

どんな場合でもそうですが、人間は、自分がやっているやり方は正しいと思うのです。だから、紙に書くのが正しいと思っている人は、「紙に書かなければダメだ」と弟子に強要します。そんなことはしないで夢を実現できた人は、「紙なんかに書いてはダメだ」と、まったく反対のことを言うわけです。

私が展開型のアーティストに会って、涙が出るほど嬉しかったのは、目標型の人に言われたことができない自分にコンプレックスを感じていたからだと思います。「どうしてあの人みたいになれないのだろう?」と落ち込んでいたわけです。

目標達成型も展開型も、ある目標を目指して進んでいることでは同じです。

でも、そのやり方は、タイプによって違います。

そのことを知ったうえで、自分はどうなのか、どうするのかということを見きわめておかないと、苦しむことにもなりかねません。それでは、教えを受けたことが、かえってマイナスになってしまいます。

あなたは、どちらのタイプでしょうか？

できれば、それぞれのタイプのメンターについて、叱られながらも、いろいろ試してみてください。食わず嫌いなだけで、新しい世界が広がるかもしれません。

自分と違うタイプの人といると、いままでになかった才能が開くことがあります。どちらが正しいかをあまり考えずに、いろんなタイプの人と付き合ってみましょう。

自分自身のタイプは？

メンターのタイプを見ると同時に、夢を実現するときの自分のタイプは何かも見てみましょう。

目標達成型か展開型かというと、どちらかしかないように思うかもしれませんが、メンターに学ぶことで、最終的には、二つを組み合わせたハイブリッドになるのがもっともうまくいくやり方でしょう。

一つのやり方としては、まずは、大まかな目標を設定して、そこからは展開型で、グルグルまわっていくうちに、絶えず目標も設定し直していく、というのもあります。なんの目標も立てず、ただ出たとこ勝負でやっていくのでは、たとえいろいろな導きがあったとしても、結局は着地点が見えず、何にもならなかったということにもなりかねません。

自分はどちらが得意なのかということを知ることで、自分に足りないもの、必要なことを学ぶのがよいでしょう。

展開型の人は、スケジュールを組んだり、それに合わせて段取りを立てるということが苦手です。「〜しなければならない」と考えると、堅苦しいようなイメージを持ってしまうかもしれません。目標達成型のメンターから、どんなふうに目標を実践していくのか、その段取りの立て方や時間の使い方を教えてもらうことで、自分の願望をいままでよりも達成しやすくなります。

逆に、目標達成型は、急な予定の変更などのアクシデントに弱い傾向があります。せっかく舞い込んだチャンスにも尻込みしたり、効率とか損得とかを考えすぎて、行動しないままになったりします。

効率よりも感覚が大切な場面があります。展開型のメンターから、感性で動くことの大切さを学ぶことで、より目標に近づけるでしょう。

面白そうだと感じることは、迷わずやってみましょう。

あなたの夢の実現を助けてもらうには

願望を達成するには、メンターに助けてもらうというのも大切なポイントです。

「自分にこういうことができたらと思うんですけど」

「こういうふうな人と会いたいんです」

「こういう商品を開発したいんです」

「将来こういうところで仕事をしたいんです」

自分の夢について、なぜ、そう願っているのか、それが実現したら何ができるのかということを、誠心誠意、かつ情熱的に語ることで、メンターも、あなたを手助けしたいと思うようになるものです。

ところで、自分だけのために、知識や知恵を得ようという人は、多くを学べません。というのも、成功者は、志の高い人を応援したいと考えているからです。貴重な時間と労力を使ってくれるのですから、自分だけでなく多くの人のために、それを使わなければ、申し訳ないという心構えが大切です。

メンターは、一人を成功させることができれば、その人に続く何百、何千人もの人生に影響があることを見越しています。ですから、「これは！」と思った人間を選んで、集中的に教えを授けるのです。

将来、これをどう人に伝えようかと考えていると、何倍ものスピードと深さで教えが身になります。苦しいときでも、これを将来、「人に教えるネタにするぞ！」という意気込みがあれば、切り抜けることができます。

自分の受け取るものをまわりに生かそうという考え方は、自然とその人の運気を高めます。そういう気持ちをもって、伝えることとです。助けてもらうにふさわしい自分であることをわかってもらうのです。下手をすると、自分勝手な奴だと思われかねないところもありますが、そこは、熱意で勝負してください。

一流の人の「魔法」を観察する

社会的に活躍している人は、時には、魔法のようなかたちで夢をかなえることがあります。絶対に無理だと思われた商談をものにしたり、コンペで入賞したり、神がかっている瞬間があるものです。私も、ごく間近でメンターが選挙に当選したり、大きな賞をとったりするのを見て、この人には、神様がついているにちがいないと確信したことが何度もありました。彼らは、長年の経験と努力の上に、強運というものを掛け算して結果を出しているのです。

慣れてくると、その種の魔法がどういうときに発現するのか見えてくるようになります。たとえば、たくさんの人の熱い気持ちが重なり合ってくると、そういった奇跡が起きるような気がします。あまり科学的でないことを書くのははばかられますが、「空気が変わる瞬間」というのは、確実に存在します。

もっというと、一流の人は、「空気を大きく変える力」を持っています。彼らがどのような言葉や行動で、自然と空気を変えていくのかを観察してみてください。その空気は、運気といってもいいと思いますが、大きな夢や目標が実現するときに、流れているものです。オリンピック、宇宙プロジェクトなどの大きなことから、会社のなかでのちょっとしたセールスキャンペーンまで、同じことが起きています。

みんなのエネルギーを一つの目標に向かってどう持っていくのかをマスターしているリーダーは、普通ではありえない業績をつくり出します。それは、スポーツでも、教育、ビジネス、政治、アートでも変わりません。

夢が生まれて、それを実現するために、みんなが心をあわせて頑張る。ここまでは同じですが、そこから不思議なジャンプが起きます。そこにメンターのマジックがかかるわけですが、この一瞬を見逃さないことです。それは、将来、あなたが誰かの導き手になったとき、この空気を変える技術が、人を育てるための必須スキルとなるからです。

第16章

師弟関係を卒業するとき

師との別れがやってくるとき

素晴らしい教えを授けてくれた人とも、必ず別れはやってきます。両方が成熟した人間の場合は、お互いにそのときが来たら、なにも言わなくてもわかります。しかし、多くの場合、そういうわけにはいかないようです。

別れがやってくるとき、以下の5つのサインがあるように思えます。

まずは、それを一つずつ見ていきましょう。

(1) 弟子を否定する

メンターが、弟子を強く否定することがあります。それは、たいてい、自分に自信がなくなったときに起きます。教えている相手が、自分を尊敬しなくなったと思ってあわてるのです。これは、導き手の教える器が限界に達してきたことのサインです。

（2）教わる人が、学ぶものがなくなったと感じる

同じように、教えてもらうほうが、「ああ、もう教わることはなくなったな」と感じることもあります。教えるほうは、気づかなくても、教わるほうは、敏感に感じたりします。

（3）男女関係が終わる

師弟の関係が、時には、男女関係に発展することがあります。それが必ずしも悪いとはいえませんが、この男女関係が終わるとき、たいてい、師弟の関係も終わりを告げます。

（4）教えにワクワク感がなくなる

教えるほう、教わるほうに、ワクワク感がなくなってきたときも、関係が終わるタイミングです。その終わり方は、なんとなく終わる男女関係ともよく似ていて、なんとなく終わります。

（5）終了宣言をする

優秀な導き手は、弟子が次の段階に行くタイミングを見計らっています。最高のタイミングでけり出したりするのです。メンターが終了宣言を出したとき、関係が終わります。

メンターとの関係を見ていくときに、その人の限界を知るということはとても大切なことです。

別れる、別れない、の話ではなく、この人からは、どこまで学ぶのかがわかっていないと、せっかくの師弟関係も台無しになるということがあります。

メンターには三流、二流、一流、超一流のレベルがありますが、教えを受けるうちに、その人の限界が見えてきます。二流の人に、一流のあり方は学べません。その人が、人間としてダメなわけではありませんが、ただ無理なのです。

メンターの限界を見たときに、「最悪だ」と思う必要はありません。感情的に判断しないで、「この人はどこまで行けそうか」ということをしっかり理解することです。

メンターの限界は、仕事のレベルだけを見るのではありません。

どんなに素晴らしい感性や技術、サービスを持っていても、怒りやすかったり、人望がなかったりすることで、限界が見えてしまうこともあります。お金にルーズである、男女関係にだらしがない、社会的な常識がないということもあるでしょう。

言っていることは大きいのに、やっていることは案外小さい、言っていることとやっていることが違うというような現実も見えてくるかもしれません。

そういう現実を見ることで、メンターの限界は、このへんにある、ということを知ってもらいたいと思います。

その限界を知ったうえで、その人の素晴らしさもわかってくると思います。

メンターというと、「すごい」と思ってしまいがちですが、それでは、ただのファンでしかありません。

「この人にもできないことがあるぞ」「ちょっとウソ臭いぞ」ということもわかっていて学ぶからこそ、そのメンターから教えてもらうことが、本当の意味で理解できるということがあるのではないでしょうか。

このことは、将来あなたが、誰かの導き手になるときに、とても役立ちます。というのも、こんな自分でも教えられるのかなぁと、思うからです。

そのときに、歴代のいい加減なメンターのことを思い出し、「まぁ、あの人でもなれたんだから……」と自分に言い聞かせることになるのです。

メンターを等身大に見られるようになると、あなたが教えてあげられることもはっきりしてくるでしょう。

メンターの可能性を見てあげる

「メンターの限界を知る」という話をしましたが、今度は逆に、可能性も見てみましょう。弟子入りして、その人の日常を知れば知るほど、マイナス面も見ることになりますが、それ以上に、「やっぱり、この人は他の人とは違う」と思うような素晴らしい面を再確認することもあるはずです。そして、「この人は、まだまだ大きくなる」ということを感じることもあるはずです。

弟子にとって師匠の存在は大きいので、いまの師匠が最高で、それ以上のレベルになるということは想像しにくいかもしれません。

けれども、あなたが、これから成長していくように、あなたのメンターも、これから、さらに大きくなっていく可能性があるわけです。

「メンターの可能性を見る」というのは、相手の素晴らしい点を再発見して、その人がこのまま成長していったら、どうなるかということを考えることです。

そして、その人の成長を、どれだけ手助けできるのかに、弟子としての醍醐味《だいごみ》があります。

「この部分を、もっと表に出したら、もっと多くの人たちが感心を持ってくれる。これまでの偉業を再認識して、その教えを受けたいと思うだろう。この人の教えを受ける人が増えたら、世の中は、どんなによくなるだろう」

そんなふうに考えて、ワクワクできる人は、メンターとともに成長できる人です。

メンターの素晴らしいところを見るというのは、自分の素晴らしいところも、同時に見ることにもつながります。

メンターのさらなる成功を信じている弟子は、メンターから見ても、かわいいものです。人にかわいがられるというのは、身につけておきたい処世術ですが、それは、表面的にお世辞を言うということではなく、心から、それを信じて動くことで身につくものだと思います。

人間的に大きく成長させてくれる人とは

「メンターに願望達成を助けてもらう」ということを前でお話ししましたが、ここで勘違いしてしまいがちなのが、「これで夢が早道でかなう」と思ってしまうことです。

また、弟子入りするということで、「そうすれば、きっとメンターが手取り足取り、成功に導いてくれるだろう」と期待している人もいるかもしれません。

でも、それは誤解です。

メンターを、24時間体制で見守ってくれるコーチだと思っている人もいます。たしかに、素晴らしい導き手は、あなたが道を大きく踏み外さないように見守ってくれる人ですが、どう歩くかまで、細かく見てくれているわけではありません。

その道中ひどい目にあったり、つまずいてケガをしたりしても、それはあなたの責任です。そこまでもなんとかしてもらいたいと思うのは、単なる甘えです。

子どもは幼稚園に行くくらいになると、自分でなんでもやりたがるようになります。多少危なかしくっても、見守ってあげたほうが、長い目で見ると自立の役に立ちます。逆に、手取り足取り教わってしまうと、いつまでたっても自分で考える力がつきません。

娘の小さい頃を思い出すと、何かを助けなしでやり遂げたとき、自分一人でできた喜びを全身で感じているのがよくわかりました。そういうことが、さらなる自信につながって、次のステップに進めるのでしょう。優秀なメンターは自立を促す人であって、依存させる人ではありません。人生の細かな決断まで相談できると思っている人は、大きな勘違いをしています。優秀なメンターは、そんな質問をされても、さりげなく知らない顔をするものです。

また、かわいい弟子というのは、メンターを儲けさせる人です。弟子のなかでいちばん稼ぎ頭になって、役に立つ。そういう気持ちを持つことも大切です。

メンターから教えを請うというのは、あわよくば、自分の後ろ盾になってもらいたいという気持ちがあるかもしれませんが、どう恩返しするかも考えておきましょう。

メンターの立場から見ると、力もないのに恩返ししようという弟子はかわいいものです。実際に儲けさせることができなくても、その気持ちを持って頑張っている姿を見るだけでも、評価してくれるでしょう。

そういった心の響き合いが、人間関係を育むのです。

共同創造をイメージする

師弟の関係が発展するなかで、一緒にプロジェクトを企画したり、ビジネスを起ち上げたりする話が持ち上がることもあります。

メンターと一緒に何かをするというのは、成功の基本ともいえるものです。共同事業をすることで、その人の実際の才能や実践力を目の当たりにすることができます。またその人の人脈とつながり、その人たちとのつき合い方も見せてもらうことができます。ただ話を聞くだけでは知り得なかったことを学べる絶好の機会といっていいでしょう。

必ずしも一緒に仕事をしなければいけないということはありませんが、メンターとコラボしたら、確実に世界は広がります。そういう意味でも、メンターとの「共同創造」は、大きなチャンスです。

それがイメージできるようになってくると、メンターは、あなたを弟子の一人というよりは、ビジネスパートナーとして見るようになるでしょう。最初は弟子からスタートしても、ビジネスパートナーに成長することは十分あります。

ところで、実際にメンターから、ビジネスに誘われることは結構ありますが、その申し出を受ける前に、メンターのビジネスに対するスタンスを見てください。

あなたのメンターは、お金やビジネスに対して、はっきりとした哲学がありますか？

あなたを誘っているのは、あなたのためでしょうか？　それとも、メンターのためでしょうか？　あるいは、両者のためでしょうか？

メンターが経済的に十分に成功しているかどうかも見てください。

ビジネスのリスクをあなたに押しつけたり、一方的に不利な条件がある場合、あなたを利用しようとしている可能性があります。ビジネスセンスのない人に誘われたり、何かがおかしいなと感じたときは、勇気をもって断ることです。

第17章

自分の世界をつくる

もしも何でもできるとしたら……

想像してみてください。

あなたは、多くのメンターから、さまざまな教えを受けました。

そうして学んだことのすべてを生かして、「君にはすべて教えた。これからは、何をしてもいいよ。きっと、それは成功する」と言われたら、あなたは何をしたいですか。

メンターの教えは、あなたへの祝福です。

その恵みを受けて、あなたがここから素晴らしい活躍をしていくとしたら、何をやっていきたいですか。

メンターも想像したことがないような、ベストセラーを書くことでしょうか。

素晴らしい料理店をオープンすることでしょうか。

誰も開発したことがなかった外科手術の方法を構築することでしょうか。

歴史に残るような建築物を設計することでしょうか。

新しい教育メソッドを開発することでしょうか。

画期的な政治のシステムをつくることでしょうか。


「そんなことは無理に決まってる」

そう、いままでは思ってきたようなことでも、それをやって成功している自分を想像してみてください。

夢が大きすぎると思って、恥ずかしくて人には言えなかったようなことでも、「ひょっとしたら、こんなことができるかもしれない」と思っていたとしたら、それは、あなたがやるべきことだと、私は思います。ぜひ、やってみてください。

すぐには、自分だけではできないこともあるかもしれませんが、それに向かって、一歩を踏み出してください。

世界は、マクロで見たら、成長しています。人間は、何百年前よりも、よりお互いを尊重することができるようになっています。基本的な人権も、先進国ですら、つい数十年前まではなかったのに、いまは、差別も、飢餓も、暴力も、戦争もだいぶ減りました。前の世代よりも、少しずつですが、私たちは、進んでいるのではないでしょうか。

30年前なら当たり前だったことも、いまではありえないぐらい暴力的だったり、不健康なことだとみなされるようなことがいっぱいあります。

食料をつくる技術、建築、テクノロジー、政治のシステム、どれも完全ではないものの、すべての分野において、改善は見られているといえるでしょう。それは、それぞれの世代の革新的なリーダーが、勇気をもって、活躍したからです。つい数十年前まで、黒人、女性には、選挙権がなかったなんて、にわかに信じがたいですが、歴史を見れば、事実として残っています。

現在の社会で、まだ、うまく機能していない分野はたくさんあります。

医療、教育、政治などのシステムもそうですし、仕事のやり方、家庭の家事の分担など、あと数十年もしたら、きっと、「なんて野蛮なんだろう?」と言われるようになるのでしょう。

私たちのメンターたちは、それを少し前に進めました。そして、私たちの世代にバトンが渡り、次にどうするかが、問われているわけです。

これから、あなたに何ができるか考えてみてください。

きっとある種の緊張感とともに、ワクワクするアイデアが出てくることでしょう。

未来を決めるとき、考えておくべきこと

1章の「どのレベルまで行きたいのか」で、自分は一流、二流、三流のどこを目指すのか、それを決めておくことは大切だという話をしましたが、最終的に、メンターから離れていくときにも、それについて考えなければいけません。

あなたの先生が二流だったとして、自分自身はどこに行くのか考えましょう。三流になって、ダラダラといくのか、あるいはその人を超えて一流になっていくのか。メンターから学んでいるうちに、今後について考えておく必要があります。

三流の世界にいくと、生活はぎりぎり成り立ちますが、プロとしては鳴かず飛ばず。まわりからの感謝も賞賛も、たいしてもらえない人生になるでしょう。

二流になると、ある程度尊敬されて、地元ではちょっとした有名人として扱わ

れることもありますが、全国区に名前が売れるわけでもない。そこまでの収入に恵まれるわけでもない。その代わり、ストレスもあまりないかもしれません。ストレスがないことが幸せだと考える人には、ぴったりの生き方です。でも、どこかで一流になれたかもしれないのになぁという気持ちが残っているかもしれません。

一流を目指すと、24時間ずっと常に自分と向き合っていなければなりません。自分のハードルを上げるがゆえの負荷もかかります。きりきり胃が痛みながらも、高みを目指していくやや自虐的な喜びがあります。苦しいけれど、社会的に尊敬されたり、経済的に恵まれたり、トップランナーでいる誇りを持つこともできるでしょう。

業界のトップクラスを走りながらも、なんとかバランスを取っている人たちもたくさんいます。あなたが、本気でそう望めば、一流を目指しながらも、幸せを手に入れるということは、十分に可能です。

超一流は、先ほどもお話ししたように、普通とはちょっと違う、やや狂気の世界ともいうべき世界です。目指すなと言っても、そこに行く人は行ってしまいます。また、行こうと思っても、そんなに簡単に行けるわけではないので、普通の人には関係のない世界です。

あなたが、教えを受けたあとは、どの世界に魅力を感じるか、定まっていくかと思います。

一流の世界の厳しさを見すぎたがために、自分は二流を目指すというのもありだし、メンターが行ったのと同じように、一流を目指すのでもいいでしょう。

教えを受けるなかで、メンターの限界を知ると同時に、自分の限界も感じたかもしれません。それでも、やはり自分の可能性を試してみたいという強い思いがある人もいます。いずれにしても、あなたの人生は、先ほど挙げたいずれかに行きつきます。そして、そこで出会う人とのつき合いで、人生の様相が決まります。

あなたのメンターからの教えの総決算の時期が近づいています。

あなたの人生を作品として見たときに、どのような評価をくだすのか、それはあなただけが感じることで、社会的な評価はあまり関係ありません。なぜなら、人生の充実度は、「自分にどれだけ満足しているか」という、あなたの感情が決めるからです。

自分らしい人生の実現へ

素晴らしいメンターから教えを受けたあなたは、頑張り次第で、なんでも実現できるでしょう。弟子として学んでいたときには、不満に思っていたことが必ずいくつかあったはずです。それは、お客さんへのお金の請求のしかただったかもしれませんし、サービスの提供のやり方かもしれません。

あなたには、ずっと温めていた理想の姿が見えているはずです。いずれ、それを実現するタイミングがやってきます。それは、会社員でも、フリーランスでやっていても、一緒です。ある程度の年齢と経験を積み重ねたあとに、そのチャンスは回ってくるのです。

そのときまでに、「自分がなんでもできる立場になったら、こういうことをやろう」ということを準備しておいてください。

そして、お金、社会的地位、人脈、経験など、すべてが完全にそろうことはないでしょうが、あなたの裁量でいろいろできるときは、きっとやってきます。

そのときに、これまでの前任者と同じような仕事をするのか、あるいは画期的なことをやっていくのか。何をするのかで、あなたの人生の評価が定まります。

あなたが、活躍する頃、メンターは、もうこの世界には、いないかもしれませんが、きっと彼らは、天国からあなたの活躍を見ているはずです。「俺が教えたんだから、すごいことをやってくれるにちがいない」とワクワクしながら、見守ってくれるでしょう。


あなたが、本当に実現したかったことは、なんでしょうか?

それは、どの分野なのでしょう。医療、出版、教育、政治、芸術、スポーツ……。

それが、どの分野であれ、あなたの出番です。思う存分、これまでためてきた思いをぶつけてください。あなたの思いに大義があれば、時間はある程度かかるかもしれませんが、きっと夢は実現します。それは、あなただけでなく、メンターの若い頃からの悲願かもしれません。

何十年という時の重みも感じながら、ぜひ、本当にやりたいこと、やるべきことを果たしてください。世界は、それを待っています。

そして、あなたのメンターも心からそれを応援してくれることでしょう。

あなたが誰かのメンターになるとき

　メンターに教えてもらうことをテーマにお話ししてきましたが、教えられる側も、いずれかのタイミングで、自立することになります。

　自分に対して自信をなくしたり、逆に傲慢なぐらい自信を持ったりしていく時期を経て、自分らしさが何か、だんだんわかってくると思います。いままで教えてもらったことを生かして、いらない部分を手放して、大人になる段階です。

　あなたが自立を始めると、メンターとのつき合い方も、やや対等に近づきます。

　そして、今度は、いよいよあなたが活躍する番です。あなたが複数のメンターからの教えを生かせていたとしたら、業界では名前が知られるようになっているかもしれません。いろんな賞をもらったり、雑誌に連載するようになっているかもしれません。

あなたは、まだ若く、勉強中の気分かもしれませんが、誰かのメンターになるときはもうやってきているかもしれません。

あなたが活躍して、目立ってくるようになると、あなたから学びたいという人が、きっと出てきます。

「メンターに弟子入りする」最終章は、あなたが誰かのメンターになるということです。

自分の業界で何年かやってきて、人に教える立場になったときでも、あなたは「まだまだ自分なんてとても人に教えられない」と感じるはずです。

そういっても、実は、あなたが教えられることはたくさんあります。また、教えることで学ぶこともあるのです。将来、自分が教えた人たちに助けられることもあるでしょう。

弟子入りする最後のステップは、「自分がメンターになっていく」ということですが、そのときに初めて教えるほうの大変さ、面白さ、喜び、悲しみ、つらさを理解することになります。そうやって初めて、教えと学びの輪が完結するともいえると思います。

その役割をやるようになって、あなたは古代からずっと続いてきた教えの流れの一部になったことを実感することになるのです。

この教えの連鎖が、やや大げさに言うと、人類がずっと続いてきた理由であり、文化を伝承してきた英知なのです。そして、それを私たちが次の世代につなげていくのです。

メンターから知恵を学び、自分のあり方を見つめて、自分を確立させる。弟子入りする意味は、そこにあります。次に、あなたが、後進を育てることで、あなたの人生の輪もそこで完結することになります。

時々、昔のことを思い出します。私のメンターが、数時間かけていろいろ教えてくれた後に、なんとも言えない安らかな笑顔を浮かべていることがよくありました。いまの私は、彼らがどういう気持ちでいたのか、彼らの心の平安の意味がよくわかります。それは、自分のなかで、大切なものが完結したところからくる、深い満足感だったのだと思います。

あなたが、誰かに、「メンターになってください」と言われたら、そのタイミングがきたということです。

そして、直感的にピンときたら、にっこり笑って、「ぜひ、喜んで！」と緊張している相手に言ってあげてください。そこから、また新しいドラマが始まることでしょう。

あなたが誰かのメンターになることで、教えのバトンが次に渡されるのです。

おわりに
人生を導く人との関係は「魂のふれ合い」

本書を最後まで読んでいただき、ありがとうございました。

この本では、人生を変えるメンターとは何か、どうやって探すのか、教えを請うのかについてお伝えしてきたわけですが、いかがだったでしょうか。

拙著『ユダヤ人大富豪の教え』は、フロリダで出会ったメンター、ゲラーさんと20歳のケンの物語でしたが、これは私が20歳のときの実体験をもとに著したものでした。

出版してから10年以上がたちましたが、当時は「メンター」という言葉がめずらしく、本のなかの初出では、「メンター（人生の師）」となっています。

いまでは、いつのまにかメンターという言葉も浸透し、メンターを持つ人も多いのではないかと思います。

思えば、これまで、ゲラーさんをはじめ多くの素晴らしい人たちに出会い、教えを受けてきました。

メンターとの出会いは、人生と人生の出会いであり、魂と魂のふれ合いです。出会った瞬間にビビッと感じるものがあるなど、ある意味では、恋愛関係にも似ているかもしれません。「この人に一生ついていきたい」と思えるような情熱があるかどうか。逆の立場からいえば、そういうものを感じさせるだけの人間になっているかどうか。それがメンターであり、教えを受ける弟子の姿だと思います。

これまでに多くのメンターから教えを受けて、いまの私があります。

この本は、私がお世話になってきた人たちへの感謝の気持ちの表現であり、彼らの思いを受け継ぎ、次の世代に伝える意思表示でもあります。

いま、なんでも能率的にやりたい、できれば面倒くさいことをしたくないという人が増えています。修業とか、弟子入りとかいう言葉を聞いただけで拒否反応を示す人も多いかもしれません。

でも、本当に充実した、面白い人生を送りたいなら、誰かに教えてもらうことは、不可欠だと私は思います。

それは、なにも住み込みの弟子というかたちでなくてもかまいません。ですが、定期的に教えてもらう環境があれば、素晴らしいと思います。私の人生を振り返ってみても、尊敬できる人について教えを受けたことは、人生でもっとも楽しい思い出のひとつです。

すべての学びは、自分を信頼するための過程です。

メンターの教えも、私がこの本で書いてきたことも、一つの意見であり、考え方だととらえてください。メンターに弟子入りするのが大切といっても、特定の個人の言うことを盲信せず、自分なりの考えを持つことは、とても大切です。

多くの人の物の見方、感じ方を学んでから、自分なりの価値観をつくり上げてください。それが、他の人と違っても、かまわないと思います。
あなたの人生がたくさんの素晴らしい思い出で満たされるように願って、本書を終えたいと思います。

本田 健

本作品は小社より二〇一五年四月に刊行された
『人生を変えるメンターと出会う法』を改題し、
再編集して文庫化したものです。

本田 健（ほんだ・けん）
神戸生まれ。経営コンサルタント、投資家を経て、29歳で育児セミリタイヤ生活に入る。4年の育児生活中に作家になるビジョンを得て、執筆活動をスタートする。「お金と幸せ」「ライフワーク」「ワクワクする生き方」をテーマにした1000人規模の講演会、セミナーを全国で開催。インターネットラジオ「本田健の人生相談～Dear Ken～」は3000万ダウンロードを記録。世界的なベストセラー作家とジョイントセミナーを企画、八ヶ岳で研修センターを運営するなど、自分がワクワクすることを常に追いかけている。
著書は、『ユダヤ人大富豪の教え』（大和書房）など130冊以上、累計発行部数は700万部を突破している。
2014年からは、世界を舞台に講演、英語での本の執筆をスタートし、2017年にはアメリカの出版社Simon&Schuster社と契約。ヨーロッパ、アジア、中南米など、世界20カ国以上で発売されることが決まっている。
本田 健 公式HP
http://www.aiueoffice.com/
本田健 英語・中国語HP
http://www.kenhonda.tokyo

だいわ文庫

人生《じんせい》の師《し》に学《まな》ぶ

著者 本田《ほんだ》 健《けん》

二〇一八年五月一五日第一刷発行

発行者 佐藤 靖
発行所 大和《だいわ》書房
東京都文京区関口一－三三－四 〒一一二－〇〇一四
電話 〇三－三二〇三－四五一一
フォーマットデザイン 鈴木成一デザイン室
本文デザイン 福田和雄（FUKUDA DESIGN）
編集協力 ウーマンウエーブ
本文印刷 シナノ
カバー印刷 山一印刷
製本 ナショナル製本
ISBN978-4-479-30702-0
乱丁本・落丁本はお取り替えいたします。
http://www.daiwashobo.co.jp